조선 건국, 진짜 주인공은 누구일까?

푸른숲 역사 퀘스트

조선 건국 진짜 주인공은 누구일까?

이광희·손주현 지음 | 박양수 그림

내게 한 표를!

여러분~, 기호 2번이에요.

3번이라 기분 나빠······.

1 난세의 히어로, 이성계

2 조선의 설계자, 정도전

3 준비된 왕세자, 이방원

푸른숲주니어

차례

조선을 건국한 '진짜' 주인공은 누구일까?

여러분, 안녕? 만나서 반가워. 나는 역사에 대한 궁금증을 명쾌하게 풀어 주는 '반짝반짝 역사 연구소'의 명 박사야.

내가 역사 해설을 하면 다들 명쾌하다고 난리인데, 내 조수인 인공 지능 로봇 알파봇이 실수로 '멍' 박사라고 부르기 시작하면서 사람들이 다들 따라 부르게 되었지 뭐야. 물론 내가 멍 때리는 것처럼 보일 때가 많긴 하지만……, 그건 다 깊은 생각에 빠져 있느라 그런 거란 말이지.

아무튼 이 얘기를 꺼내는 건 아직도 어이없는 질문을 하는 친구들이 있어서 그래.

'멍 박사님이라고요? 성이 멍씨예요? 그럼 혹시 멍게 멍 자를 쓰는 건가요?'

이런 질문을 받을 때마다 입술이 바짝바짝 타 들어가는 것 같다니까? 하긴 내 성씨가 아무려면 어떠냐. 내가 멍 박사든 명 박사든 간에 반짝반짝 역사 연구소는 너희가 궁금해하는 '역사'를 명쾌하게 알려 주는 곳이란 데는 변함이 없으니까 말이야. 오늘도 반짝반짝 빛나는 상상력을 동원해서 쉽고 재미있게 설명해 줄게!

자, 그럼 너희가 이번에는 무엇을 궁금해하는지 이메일을 한번 열어 볼까?

윙~!

☆ 제목 : 조선은 누가 세웠나요?

▲ 보낸사람 : 달쏭이

받는사람 : 멍 박사님

안녕하세요, 멍 박사님. (아직도 멍 박사에 적응이 안 되네.)

저는 알쏭 중학교에 다니는 달쏭이라고 하는데요. (얼씨구!)

제가 역사에 워낙 관심이 많다 보니 궁금한 게 정말 많아요. 고대에서 근현대까지 전부 다요! (훌륭하다, 그래.)

그런데 그중에서도 조선 시대에 가장 관심이 많아요. 특히 조선이 어떻게 건국되었는지 궁금해요. 통일 신라나 고려는 세 나라가 싸우다가 한 나라가 이기면서 시작된 거잖아요?

그런데 조선은 전쟁을 해서 이긴 게 아니니까, 어느 날 갑자기 '자, 오늘부터 조선 시작!' 이렇게 된 건가요? (그러고 보니 꽤 참신한 생각인데?) 그럼 시작이라고 외친 사람은 누구인가요?

누가 조선 건국을 주도했는지 너무너무 궁금하더라고요. 드라마나 만화로 조금씩 보긴 했는데, 이야기마다 주인공이 달라서 그런지 알쏭달쏭하더라니까요? (아니, 바보 아냐?)

제가 바보여서가 아니고요, (헉, 내 마음을 읽고 있나?) 진짜 알쏭달쏭하다 못해 헷갈려서요.

박사님이 늘 외우려고만 하지 말고 스스로 질문을 만들어 보라고 입버릇처럼 말씀하셨잖아요.

조선을 건국한 '진짜' 주인공이 누군지 알려 주세요! 그럼 전 멍 박사님만 믿고 있을게요! (대략 난감.)

조선을 세운 사람이 누구냐고?

그래도 그렇지, 조선 건국의 주인공이 누군지 알려 달라니. 하, 연구소 생활 십 년 만에 이렇게 쉬운 질문은 처음이네. 고조선은 단군, 고구려는 주몽, 고려는 왕건, 조선은 이성계, 오케이?

자, 답이 나왔으니 답장을 써야겠지? 어떤 질문에도 친절하게 답장을 해 주는 게 우리 연구소의 철학이니까……. 답이 너무 간단해서 미주알고주알 설명할 필요가 없으니, 딱히 하는 일 없이 오늘도 바둑에 푹 빠져 있는 조수한테 답장을 보내라고 해야겠군.

뭐? 들도 보도 못한 연구소에 조수까지 있냐고? 이거, 안 되겠네. 이

질문이 너무 쉽잖아?
근데 알파봇, 왜 그림자가
세 명이야?

참에 우리 연구소의 보물이자, 역사적 사실을 자기 밥보다 더 소중히 여기는 인공 지능 역사 로봇 알파봇의 존재를 제대로 알려 줘야지.

"알파봇! 알쏭 중학교 달쏭이한테 내 대신 답장 좀 보내 줄래? 조선 건국의 주인공은 이성계라고. 오케이?"

"음……, 안 오케이인데요."

"뭐? 안 오케이라고? 그게 무슨 소리야?"

"제가 달쏭이 질문에 대한 데이터를 분석해 봤더니 다른 결과가 나왔걸랑요."

"뭐, 다른 결과가 나왔다고? 그럴 리가 있나? 알파봇, 너 또 충전하면서 바둑 두다가 오류 난 거 아니야? 뭐……? 멍 때리지 말고 질문을 다시 보라고?"

조선을 건국한 '진짜' 주인공이 누군지 알려 주세요!

아하! '진짜'라는 단어에 작은따옴표를 넣은 걸 미처 못 봤네. 그냥 단순하게 조선의 첫 번째 왕이 누구인지 묻는 질문이 아니었어. 그렇다면 얘기가 달라지지.

조선을 세운 사람은 이성계가 맞아. 하지만 조선을 건국하는 데 가장 큰 공을 세운 '진짜' 주인공이 누구냐고 묻는다면? 한 번 더 생각해 봐야겠지. 이성계가 조선의 첫 번째 왕인 건 맞는데, 이성계를 왕으로 만든 사람은 정도전이고, 조선을 세우는 데 누구보다 결정적인 역할

을 한 인물은 이방원이거든.

갑자기 헷갈린다고? 걱정하지 마. 왜 세 사람 모두 조선 건국의 진짜 주인공 후보인지 명쾌하게 알려 줄 테니까. 음……, 어디서부터 시작해 볼까?

누가 진짜 주인공인지 살펴보려면 먼저 이성계, 정도전, 이방원이 어떤 인물인지, 세 사람이 활동한 때는 어느 시대인지, 또 세 사람이 조선 건국에 어떤 역할을 했는지 차근차근 알아봐야 해. 그래야 해답을 쉽게 찾을 수 있을 테니까.

그럼, 조선 건국의 비밀을 찾아서 다 같이 떠나 볼까?

조선 건국의 삼인방?

조선은 어떤 나라였을까? 뭐? 조선 건국의 비밀을 알려 준다고 하더니, 기분 '쎄~'하게 갑자기 왜 질문을 던지는 거냐고? 미리 겁먹을 필요 없어.

조선이라는 나라가 세워진 시대의 분위기, 나라를 다스리는 이념과 특징 등을 알아보면 그걸 마련한 사람이 누구인지 추적할 수 있지 않겠어? 그 사람이 바로 조선을 세운 주인공일 가능성이 높으니까.

자, 알파봇, 그럼 조선 시대를 대표하는 핵심 키워드를 한번 살펴보자. 준비되었지?

아니, 이 녀석이 또 어디 간 거야?

알파봇, 지금 어디야?

 저야 자료실이죠. 조선 건국에 대한 자료 수집 중이라고요.

어쭈, 제법이네? 그럼 조선이 언제 세워졌는지부터 얘기해 봐.

 조선은 고려 다음에 들어선 나라예요. 1392년에 세워져서 1910년까지, 무려 오백 년 넘게 이어졌답니다. 이성계가 나라를 세웠다고 해서 '이씨 왕조'라 부르기도 하지요.

500년은 정말 긴 시간이죠.

1392 1910

조선 왕조 500년

.GIF

어이쿠, 이제 이미지도 올릴 줄 아네? 그나저나 조선은 어떤 생각을 바탕으로 세워진 거야?

조선은 유학의 한 갈래인 성리학을 바탕으로 세운 나라예요. 유학에서는 임금의 덕으로 백성을 편히 살도록 만드는 게 최고의 정치라고 가르쳤어요. 부모님께 효도하고, 어른을 공경해야 한다는 얘기도 다 유학의 가르침에서 나온 거랍니다.

그럼 혹시 오늘날에도 유학 사상의 흔적을 찾아볼 수 있을까?

버스나 지하철에서 할머니나 할아버지를 보면 젊은 사람이 자리를 양보하려고 벌떡 일어나잖아요? 이렇게 어른을 공경하는 태도가 바로 유학의 영향이라고 할 수 있죠.

아, 그러네? 듣고 보니 유학은 꽤나 바람직한 사상이라는 생각이 드는군.

하지만 유학에서는 남녀의 역할을 엄격하게 구분 지었어요. 여성에게 많이 불합리했다고 할까요? 출산과 육아를 최우선으로 치다 보니 사회에 진출하기가 어려웠죠. 조선 시대 중반에 두 번의 큰 전란을 겪으면서 이런 흐름이 더 심해졌어요. 고려 시대만 해도 아들과 딸이 똑같이 재산도 물려받고 제사도 나눠서 지냈는데, 조선 시대엔 불가능했거든요.

오, 묻지도 않은 정보까지 술술 다 알려 주는군. 알파봇 녀석, 갑자기 왜 똑똑해진 거 같지? 아무튼 조선이 어떤 나라였는지 간단하게 알아봤으니, 지금부터 이성계, 정도전, 이방원, 삼인방이 조선을 건국하는 데 어떤 역할을 했는지 살펴보도록 할까?

'될성부른 나무는 떡잎부터 안다.'는 말이 있지? 그런 의미에서, 세 사람의 어린 시절 이야기부터 해 보자고.

조선 건국 삼인방의 출사표

활명수 이성계(1335~1408)

이성계는 원래 고려 사람인데, 어린 시절을 몽골족이 세운 원나라에서 보냈어. 원나라 간섭기라고 들어 봤니? 원나라가 고려를 쥐락펴락하던 때 말이야. 고려 역사를 살펴보면 참 우울하던 시절이 있지. 충렬왕, 충선왕, 충숙왕……. 원나라에 충성한다는 뜻으로 왕 이름 앞에 '충' 자를 붙여야 할 정도였으니, 얼마나 굴욕적인 시절이었는지 짐작하겠지?

그 무렵 원나라는 지금의 함경도 지역(한마디로, 우리 땅!)에 쌍성총관부를 설치하고서 제멋대로 다스리고 있었어. 그런데 마침 이성계 아버지 이자춘이 그 지역에 관리로 부임을 했지 뭐야?

이때만 해도 이성계는 몽골족이랑 여진족이랑 어울리며 원나라 사람으로 살아가고 있었어. 아버지가 원나라 관리였으니, 뭐 그렇게 이상한 일도 아니었지. 그런데 고려의 제31대 왕인 공민왕 시절에 이성계가 뜬금없이 고려의 장수가 돼! 대체 무슨 일이 일어난 걸까?

공민왕이 즉위했을 당시, 원나라에는 농민 반란이 시도 때도 없이 일어나곤 했어. 원나라가 망하고 명나라가 생겨나던 시기여서, 중국은 그야말로 혼란의 도가니였지. 그러니 고려에까지 신경 쓸 겨를이 전혀 없었어.

공민왕은 이 기회를 놓치지 않고 원나라가 다스리던 지역을 되찾으려 했어. 바로 그때 이성계의 아버지가 머리를 파바박 굴린 끝에, 원나라를 버리고 고려 편으로 홱 돌아섰지. 그것만이 살길이라 판단하고 고려군을 도와 원나라 군대를 시원하게 물리친 거야. 그 덕에 공민왕에게 벼슬을 받아 장수가 된 거지.

그럼 이성계는 아빠 잘 만난 덕에 낙하산으로 고려의 장수가 된 거냐고? 천만의 말씀! 이성계는 훌륭한 장수가 될 자질을 누구보다도 충분히 갖추고 있었어. 어려서부터 활을 어찌나 잘 쏘았던지, 화살 하나로 까마귀 다섯 마리를 꿰뚫을 정도였다나? 이성계가 어떻게 고려의 풋내기 장수에서 조선의 건국자로 거듭나는지 다 함께 지켜보자고.

똑똑이 정도전(1342~1398)

지방 향리 집안에서 태어난 정도전은 어려서부터 똑 소리가 나는 아이였어. 얼마나 똑똑했는지 보여 주는 일화가 있지.

정도전이 충청도 단양의 외갓집에서 살 때였다나 봐. 어느 해인가 큰 홍수가 나서 강원도 정선에 있던 산봉우리 세 개가 단양으로 떠내려왔대.

그러자 정선에서 '우리 봉우리가 단양으로 갔으니 그만큼 세금을 내시오.'라고 하면서 억지를 부렸지. 결국 단양 백성들은 울며 겨자 먹기로 정선에 세금을 바치게 되었어. 그런데 그때 한 소년이 짠! 하고 나타난 거야.

"우리가 그깟 산봉우리가 떠내려오길 빈 것도 아닌 데다, 외려 물길을 막아서 큰 피해를 보고 있으니 보상을 받아도 시원치 않을 마당에

세금은 무슨! 그럼 산봉우리를 정선으로 도로 옮겨 가져가시든가?"

그 후로 단양에선 더 이상 정선에 세금을 내지 않게 되었고, 훗날 이 소년은 자신의 호를 세 봉우리란 뜻의 '삼봉'이라 지었다고 해.

그래, 짐작한 대로 단양을 구한 똑똑이 소년이 바로 정도전이야. 정도전은 아버지를 따라 개경에 올라온

뒤 당대 최고의 학자였던 이색(고려 말기의 학자이자 문신. 조선이 세워진 후, 태조 이성계가 여러 번 불렀으나 절개를 지켜 관직에 나가지 않았다.)을 찾아가 성리학을 공부하게 되는데……. 앞으로 정도전이 어떤 활약을 펼칠지 기대해 봐.

엄친아 이방원(1367~1422)

고려 말, 권력의 핵심으로 확 떠오른 이성계에게 한 가지 말 못 할 고민이 있었어. 함경도 변두리에서 여진족과 어울려 살던 무장 가문 출신이라는 점!

한마디로 싸움만 잘하는 집안이라는 콤플렉스가 있었던 셈이지. 이런 고민을 한 방에 날려 버린 사람이 바로 이성계와 그의 첫 번째 부인 사이에서 태어난 다섯째 아들 이방원이야.

이방원이 어렸을 때 책을 열심히 읽어 학문이 날로 깊어지자, 이성계는 '내 뜻을 이룰 사람은 반드시 다섯째'일 것이라며 아들에 대한 기대를 숨기지 않았다고 해. 결국 기대대로 이방원이 열일곱 살 되던 해에 과거 시험에 합격하자, 이성계는 감격에 겨운 나머지 울먹이며 개경을 향해 큰절을 올리기까지 했다지.

"무장 집안에서 드디어 문과 급제자가 나왔구나! 왕께 감사, 감사."

문과에 급제했다고 해서 이방원이 방 안에 틀어박혀 책만 읽은 샌님은 아니었어. 오히려 어려서부터 아버지를 따라 전쟁터를 누빈 덕분에 경험이 쌓이고 쌓여 학식과 무예를 두루 갖춘 청년으로 성장했지.

훗날 이방원과 대립하다가 한 방 먹은 이성계의 둘째 부인이 뭐라고 했는지 알아?

"내 배로 방원을 낳지 않은 게 천추의 한이로다!"

이러면서 가슴을 내리쳤다고 해. 그만큼 이방원의 능력이 출중했다는 거지. 이씨 집안의 자랑인 이방원은 아버지가 뜻을 이루는 데 어떻게 이바지할까?

조선을 세운 MVP를 뽑아라!

세 사람의 어린 시절을 살펴보니, 조선을 세우는 데 각자 어떤 역할을 할지 사뭇 기대가 되지 않니? 세 사람을 축구 경기에 비유해 볼까?

'조선 건국' 축구팀의 최전방 공격수는 이성계야. 뛰어난 골 결정력으로 결승골을 꽂아 넣었어. 그렇다면 MVP는 이성계가 받아야 하지 않을까?

아니, 아직 일러. 전체적인 작전을 짠 데다 최전방 공격수 이성계가 골을 넣는 데 결정적인 도움을 준 선수가 바로 정도전이니까. 정도전 역시 MVP로 뽑히기에 충분한 자격이 있지.

음, 축구는 아무리 골을 많이 넣어도 상대 팀의 골을 더 많이 먹으면 경기에서 지게 돼. 이방원은 상대 팀 공격수의 결정적인 슛을 여러 번 막아 내어 승리를 안긴 골키퍼야. 그렇다면 이방원이 MVP를 받는 게 맞지 않을까?

'박사님! 멍쾌, 아니 명쾌한 해석을 해 주신다더니 점점 더 헷갈리게 만들면 어떡해요?'

어디선가 달쏭이의 볼멘소리가 들리는 것 같군. 걱정하지 마. 이제부터 본격적으로 조선 건국 드라마에 뛰어들 테니까!

여기서 잠깐!

원나라 가고 명나라 오다

1230년대, 전 세계에 걸쳐 정복 전쟁을 펼친 몽골족이 고려에도 침입한다. 약 사십 년 동안 수차례에 걸쳐 침입을 막아내던 고려는 결국 굴복하고 몽골족이 세운 원나라와 강화 조약을 맺었다. 그 결과 고려는 사사건건 원의 간섭을 받아야 했고, 해마다 고려 처녀들을 공녀로 보내야 했다. 뿐만 아니라 고려의 왕자는 일정 기간 원나라에서 교육을 받아야 했는데, 성장하여 원나라 공주와 결혼하고 나서야 고려로 돌아와 왕위에 오를 수 있었다. 이때 왕의 밥을 뜻하는 '수라', 왕실의 어른을 부르는 호칭인 '마마', 궁녀를 가리키는 '무수리' 등이 궁중 용어로 정착했는데, 고려에 들어온 원나라 공주 일행이 쓰던 몽골어에서 비롯되었다고 한다.

원나라가 중원을 차지한 지 채 백여 년도 되지 않아서 끊임없는 왕위 다툼과 몽골 귀족들의 사치, 이에 불만을 품은 한족의 반란 등으로 나라 안팎이 혼란스러워졌다. 이를 틈타 반란을 일으킨 주원장이 몽골족을 북쪽으로 몰아내고 나라를 세우는데, 이것이 바로 명나라다. 고려의 공민왕 역시 원나라가 약해진 틈을 놓치지 않고 밖으로는 빼앗겼던 땅을 되찾고, 안으로는 원나라의 영향력을 줄이기 위한 개혁에 나서 고려에 마지막 숨을 불어넣게 된다.

난세의 영웅, 이성계의 화려한 데뷔

혹시 조선의 첫 번째 왕 이성계에 대한 이야기를 들으면서 이런 생각을 해 본 적 없니?

'고려 변방 지역에서 여진족과 어울려 지내던 원나라 시골뜨기 청년이 어떻게 고려 최고의 장수가 되었지?'

어려서부터 똑똑하고 용감해서? 활만 쏘면 백발백중이라서? 덩치가 우람해서? 아니면 여진족과 몽골족을 아우르는 태평양 같은 마음씨 때문에?

다 맞는 말이긴 한데, 이성계가 스타로 떠오른 데는 다 그럴 만한 이유가 있어. 간단하게 얘기하면, 중국 대륙에서 원나라가 망하고 명나라가 들어서면서 혼란스런 상황이 계속되었기 때문이야. 앞서 이성계가 고려 장수로 변신한 이야기 기억나지? 그 이야기를 조금 더 자세히 풀어 볼게.

원·명 교체기의 혼란 속에서

당시 중국 대륙은 칭기즈 칸의 후예인 몽골족이 원나라를 세워서 다스리고 있었어. 그런데 백 년 넘게 억압을 받으며 살고 있던 한족들이 원나라 황실이 부패하고 타락한 틈을 타서 반란을 일으켰지. 머리에 붉은 수건을 두르고 다녀서 '홍건적'이라고 불렸던 이 반란군은 급격히 세력을 불리며 원나라를 위협했다지?

그때 고려는 원나라의 지배 아래 놓인 지 팔십 년 가까이 되어 가고 있었어. 원나라가 홍건적의 반란 때문에 정신을 못 차리자, 공민왕은 '이때다!' 하고 원나라의 지배에서 벗어나려는 개혁 정책을 팍팍 밀어붙였지.

첫 번째 과제는 원나라가 차지하고 있던 함경도 지역을 되찾는 것! 공민왕은 군대를 보내 원나라 사람들을 싹 몰아냈어. 이때 원나라 관리였던 이성계의 아버지 이자춘이 고려 편으로 돌아서서 원나라 군대를 물리치는 데 큰 공을 세웠지.

그 덕분에 이성계 집안은 원나라 국적을 버리고 고려 백성이 될 수 있었던 거야. 만약 중국에서 아무런 변화가 일어나지 않았다면, 이성계는 앞머리를 빡빡 밀고 뒷머리를 두 갈래로 땋은 채 여기저기 돌아다니며 원나라 관리로 살았겠지.

이처럼 홍건적이 반란을 일으킨 틈을 타 고려는 옛 땅을 되찾고, 이성계는 고려인으로 다시 태어날 수 있었어. 그런데 여기서 반전! 원나라를 혼란에 빠트려 고려에 큰 도움을 준 홍건적 때문에 이번에는 고려가 무지막지한 어려움에 빠지게 돼.

무슨 소리냐고? 1361년, 원나라 군대에 쫓기던 홍건적이 압록강을 건너 고려로 쳐들어온 거야. 중국의 상황을 강 건너 불구경하듯 무심하게 살피던 고려는 아무 대비도 하지 못한 채 곧 위기에 빠지고 말았

지. 공민왕은 복주(지금의 경상북도 안동)로 피난을 갔고, 심지어 수도 개경이 함락되기까지 했어. 하지만 이성계처럼 뛰어난 장수에게 위기는 곧 기회!

이성계는 집안에 거느리고 있던 사병 수천 명을 이끌고 개경을 되찾기 위해 앞장을 섰어. 홍건적이 차지하고 있던 개경 도성의 동대문으로 진격한 뒤 용감무쌍한 활약을 펼친 끝에 홍건적을 싹 물리쳐 버렸지. 이 활약상이 널리 알려지면서 이성계는 단박에 고려의 스타 장수로 떠오르게 돼.

홍건적? 원나라? 왜구? 싹 다 덤벼!

배신감으로 이를 빠득빠득 갈던 원나라는, 몇 년 뒤 공민왕을 응징하고자 덕흥군(공민왕의 작은아버지)을 새로운 고려의 왕으로 세우려해. 그 당시 원나라에 머물고 있던 덕흥군에게 군사 일만 명을 내주면서 고려로 쳐들어가게 하거든.

하지만 홍건적이 침입했을 때와는 분위기가 사뭇 달랐지. 이제 고려에는 떠오르는 별 이성계가 딱 버티고 있었으니까. 이성계는 최영 장군과 함께 원나라 군대를 싹 다 물리쳤어. 드라마라고 해도 이렇게까지 주인공을 밀어주지는 않을걸. 홍건적도 그렇고 원나라 군대도 그렇고, 마치 이성계를 영웅으로 만들기 위해 서로 짠 것처럼 보일 정도지 뭐야. 아, 여기서 끝이 아니었어. 곧이어 왜구까지 쳐들어왔지.

그 무렵 고려는 왜구의 침입 때문에 여간 골머리를 앓았던 게 아니야. 왜구는 전라도, 경상도, 충청도 해안으로 시도 때도 없이 침략해 식량을 빼앗는 걸로도 모자라, 백성을 함부로 죽이거나 포로로 잡아가곤 했어. 한동안은 최영 장군이 왜구를 물리치느라 고생깨나 했지. 그런데 고려의 새로운 스타로 떠오른 이성계가 이런 걸 가만히 앉아서 두고 볼 순 없잖아?

1380년, 왜구가 수백 척의 배에 나눠 타고 군산 앞바다로 쳐들어왔어. 그때 한껏 비장한 표정으로 왜구가 가까이 오기를 기다리고 있던 장수가 누굴까? 이성계? 땡! 최무선이었어. 최무선이 누구냐고? 음, 화약과 화포를 개발해 왜구를 무찌른 장군이라고 하면 혹시 알려나?

어쨌든 최무선은 화포를 마구마구 발사해서 왜선 수백 척을 순식간

여기서 잠깐!

화포에 능통한 아버지와 아들, 최무선과 최산해

고려 말, 왜구의 침입에 골머리를 앓던 고려는 화포 개발에 나섰다. 하지만 화약을 사용하는 화포를 개발하려면, 당시 군사력에서 가장 앞선 중국에서 기술을 들여와야만 했다. 예나 지금이나 군사 기밀은 빼내기가 어려운 법! 최무선은 화약 제조 기술을 알고 있던 중국 상인에게 접근해 어렵사리 극비 정보를 손에 넣었다. 고려 우왕 3년, 최무선의 노력으로 화기를 개발·관리하는 화통도감이 설치되었고, 고려는 곧 18종에 달하는 화기를 보유하게 되었다. 화통도감이 설치되고 삼 년이 흐른 1380년, 왜구가 군산 앞바다로 대거 침략하자 최무선이 화포를 동원해 수백 척의 왜선을 침몰시키는 쾌거를 이뤘다. 최무선의 화약, 화포 제조 기술은 가문 대대로 전해졌는데, 최무선의 아들인 최산해도 조선 제4대 임금인 세종 시절에 화포 개량 작업을 전담했다고 한다.

에 박살냈어. 가까스로 살아남은 왜구는 '걸음아, 날 살려라!' 하고 지리산 부근으로 도망쳤지. 바로 이때! 지리산 기슭에서 놈들을 기다리고 있던 사람이 있었어. 바로 이성계야.

그런데 그리 만만한 싸움은 아니었어. 왜구를 이끄는 장수가 어찌나 날래고 용맹하던지, 용감무쌍하기로 소문난 이성계의 병사들이 절절맬 정도였다고 해. 소문에 따르면 그 용맹한 장수가 십 대 소년이었다지? 믿거나 말거나……. 어쨌든 철로 만든 투구에다 철가면까지 쓰고 있어서 도무지 쓰러뜨릴 수가 없었대. 결국 이성계는 믿을 만한 부하 장수 이지란을 불러 이렇게 지시했어.

"내가 화살을 쏘아 투구를 벗길 테니 그때 저자를 쏘도록 하라."

이성계는 곧바로 활시위를 당겼어. 화살이 소년 장수의 투구를 한 방에 날려 버렸지. 동시에 이지란이 화살을 날려 왜구의 장수를 쓰러뜨렸어. 이걸로 게임 끝! 장수를 잃은 왜구들은 한순간에 물거품처럼 무너져 내리고 말았으니까. 이 싸움이 그 유명한 황산대첩이야. 지리산 부근에 있는 황산에서 왜구를 크게 물리친 전투라는 뜻으로 붙여진 이름이지.

황산대첩을 승리로 이끈 이성계가 개선장군이 되어 개경으로 돌아올 때, 그 당시 고려 최고의 장군이었던 최영이 멀리까지 마중을 나왔다고 해. 그 뒤로 최영은 이성계를 아들처럼 여기고 아꼈다지? 그뿐만이 아니야. 백성들이 이성계를 칭송하는 소리가 한동안 개경을 뒤덮었다나 뭐라나.

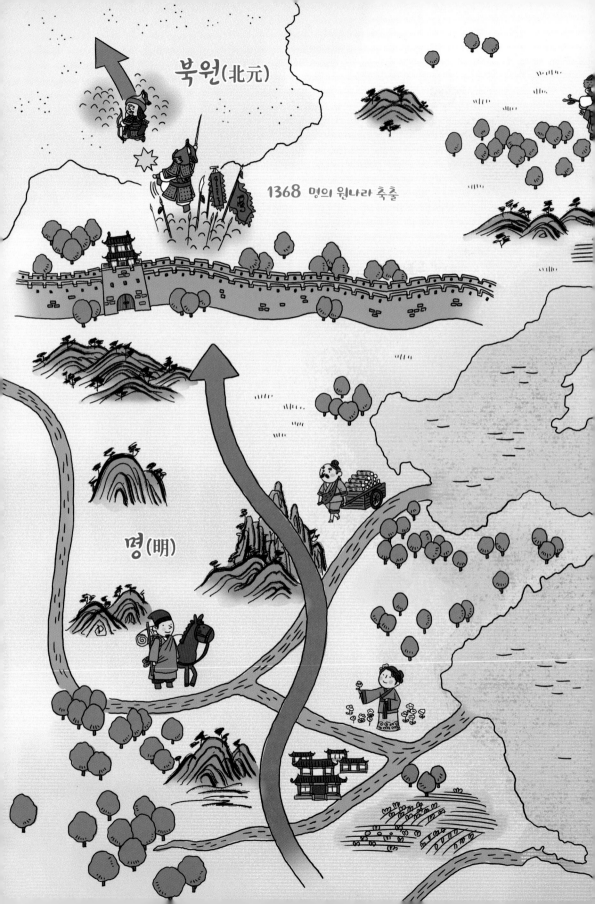

북원(北元)

1368 명의 원나라 축출

명(明)

1364 이성계와 최영,
원나라 군대 격퇴

1361 이성계, 홍건적 격퇴
(개경 수복)

고려(高麗)

군산 앞바다
왜선 수백 척 침몰

1380 이성계
왜구 토벌(지리산)

14세기 격동의 동아시아

한때 원나라 관리 집안 출신으로 시골뜨기 소리를 듣던 이성계가 홍건적과 왜구를 멋지게 격퇴하면서 고려를 대표하는 최고의 장군으로 떠오른 셈이야.

뭐라고? 그럼 이성계가 그대로 고려를 확! 접수해 버린 거냐고? 에이, 아직 한참 일러. 나라를 세우는 일이 힘만 있다고 되는 건 아니지. 왕이 되려는 사람에게는 머리, 그러니까 뛰어난 두뇌로 전략을 세우는 참모가 꼭 필요한 법이야. 이성계의 머리가 되어 줄 사람들……. 과연 누굴까?

개혁, 또 개혁! 신진 사대부의 등장

이성계가 홍건적과 왜구를 물리치며 고려 최고의 스타가 되어 인기몰이를 하는 동안, 다른 한편에선 신진 사대부들이 떠오르고 있었어.

신진 사대부란 당시 최고의 성리학자로 꼽히던 이색 밑에서 유학을 공부한 선비들을 가리키는 말이야. 선비라고 하면 책상 앞에 앉아서 공부만 할 것 같은데, 이들 신진 사대부가 어떻게 정치에 참여해 고려를 개혁하게 되는지 차근차근 알려 줄게.

아, 이참에 그 시절을 가장 잘 아는 공민왕에게 직접 이야기를 들어 볼까? 알파봇! 공민왕을 좀 모셔 올래? 뭐? 좋은 일로 부르는 꼴을 본 적이 없다는 둥 하면서 안 나오신다고? 그럼 이미 생방송 시작했다고 말씀드려. 카메라 돌아간다고 하면 더 이상 고집피우지 않으실 테니까. 알겠지?

99% 땅을 차지한 권문세족, 너희가 문제야!

멍 박사라고 했나? 반갑네. 흠, 날 찾는 후손마다 고려가 왜 망했냐고 물어보는 통에 아주 지겨워 죽겠군. 왕비랑 얼마나 알콩달콩 지냈는지 물어봐 주면 열 시간 동안 수다를 떨어도 지치지 않으련만…….
아무튼 신진 사대부에 대해 질문한다기에 내 흔쾌히(?) 나오기로 했지.

내가 태어났을 때 고려는 원나라의 간섭을 심하게 받고 있었네. 고

고려 출신 원나라 황후, 기황후

원나라와 강화 조약을 맺은 고려는 값진 재물뿐 아니라 환관과 공녀까지 바쳐야만 했다. 공녀들은 대부분 원나라 궁녀나 관리의 시중을 드는 시녀가 되었는데, 드물게는 고관의 부인이 되는 경우도 있었다. 원나라 제11대 황제이자 마지막 황제였던 순제의 황후가 바로 고려 출신 궁녀였는데, 성이 기씨여서 기황후라 불렸다.
기황후는 1340년에 황후가 되어 삼십여 년 동안 권세를 누렸다. 기황후가 원나라에서 권세를 누리자 당연히 고려에도 큰 영향력을 끼칠 수밖에 없었는데……, 기황후의 오빠인 기철이 고려 조정을 휘어잡고 심한 횡포를 부렸다. 그러다 1300년대 중반에 접어들면서 원나라가 혼란에 빠지자 공민왕은 개혁 정책을 과감하게 펼쳤다. 그러자 불만을 품은 기철 세력이 반란을 일으켰다가 곧 진압을 당해 잡혀서 죽게 되었고, 공민왕은 이를 기회로 삼아 친원 세력을 말끔히 몰아내었다. 원나라가 멸망한 후, 기황후의 행적은 전해지지 않는다.

려의 왕들은 원나라에 볼모로 잡혀 있다가 원나라 공주와 결혼한 뒤에야 왕위에 오를 수 있었지. 나 또한 마찬가지였어. 어려서부터 원나라에서 생활하다가 노국 공주와 결혼한 뒤에야 왕이 되어 귀국했으니까.

내가 귀국했을 때 고려는 한마디로 문제투성이였다네. 원나라에 빌붙어 높은 벼슬에 오른 자들(이들을 권문세족이라고 부르지!)이 권력을 이용해 무진장 넓은 땅을 소유하고 있었지. 게다가 농민들 땅까지 함부로 빼앗아 재산을 마구마구 늘리지 뭔가? 그 바람에 송곳 꽂을 땅한 뙈기 가지지 못한 농민들의 서러운 신세는 이루 말로 다 표현하기 어려울 지경이었다네. 그렇게 먹고살기 힘들어진 농민들은 결국 노비가 되거나 도적이 되는 수밖에.

나는 왕이 되자마자 개혁의 깃발을 높이 쳐들고 앞장을 섰어. 우선 원나라에 빌붙은 세력의 우두머리 격인 기황후의 오빠 기철을 처단하고, 권문세족에게 부당하게 빼앗긴 땅을 농민들에게 돌려주었지. 또 억울하게 노비가 된 사람들을 전부 풀어 주었네.

그래서 개혁에 성공했냐고? 천만에! 권문세족의 강력한 반발 때문에 별 성과를 내지 못했어. 게다가 북쪽에서는 홍건적과 원나라가 쳐들어오지, 남쪽에서는 왜구가 노략질을 해 대지……! 이런 상황에서 개혁이 제대로 될 리가 있겠나?

그 와중에 세상에서 가장 사랑하던 왕비마저 잃고 말았지 뭔가? 아, 저세상으로 떠난 왕비를 떠올리니까 인터뷰고 뭐고 다 집어치우고 싶구먼. 난 그만 멍 때리러 들어가야겠네. 나머지 이야기는 내가 애지중지 공들여 키운 신진 사대부한테 들어 보게나.

신돈 + 신진 사대부 = 개혁²

아, 아, 마이크 테스트! 멍 박사, 내 목소리 잘 들리나? 좋아, 이제 이야기를 시작하지. 나는 이성계와 손잡고 새 나라 조선을 건국한 신진 사대부 남 아무개라고 하네. 우리가 어떻게 고려 말 개혁의 주인공으로 떠올랐는지 궁금하다고?

노국 공주를 잃은 공민왕은 그야말로 멘붕에 빠졌어. 그래서 승려인 신돈을 불러다 개혁을 맡기고선 죽은 왕비를 위한 제사에만 열중했지. 오, 그런데 굴러온 돌인 신돈이 의외로 복병이었지 뭔가? 뭘 하든 추진력 하나는 끝내주더라니까!

우선 신돈은 공민왕이 하려다 실패한 토지 개혁과 노비 해방을 강하게 밀어붙였어. 당연히 권문세족이 무지막지하게 반발했지만, 신돈이 워낙 적극적으로 추진하니까 울며 겨자 먹기로 따를 수밖에. 신돈 덕에 토지와 자유를 되찾은 농민들은 만세를 불렀고, 반면에 애꿎게 재산을 빼앗겼다고 생각한 권문세족은 근본 없는 중이 나라를 망치고 있다고 투덜거리며 단단히 뿔이 났지.

바로 이때, 공민왕과 신돈이 아주 중요한 결정을 내리게 돼. 과거

시험을 통해 신진 사대부를 대거 조정의 관리로 등용한 거야. (아까 이색 밑에서 공부했던 젊은 선비들 기억하지?) 안 그래도 썩어 빠진 권문세족을 몰아내고 고려를 확 바꾸고 싶었는데, 마침 신돈하고 뜻이 맞아떨어지면서 개혁 파트너로 화려하게 데뷔할 수 있었지.

신진 사대부 중에서 유명한 사람은 누구누구냐고? 고려 말 최고의 천재라 불리던 정도전과 정몽주도 나와 같은 신진 사대부야. 이렇게 똑 소리 나는 신진 사대부들이 모여서 고려를 확실하게 개혁할 방법을 찾던 중, 새롭게 떠오른 스타 장군 이성계와 힘을 합치게 된 거지. 그야말로 신의 한 수라고나 할까?

그건 그렇고, 신돈은 문제가 꽤 많은 인물이었어. 우리가 관직에 오르고 정계에 진출하도록 도와준 공은 기꺼이 인정하지만. 점잖은 선비인 내가 험담을 하려니 차마 입이 떨어지지 않는걸. 차라리 그 얘기는 도덕적으로 완벽하다고 자부하는 사람에게 들어 보는 게 어때?

왜 이래? 나, 고려 권문세족이야!

머리부터 발끝까지 아주 도덕적인 권문세족, 임 아무개라네. 나더러 신돈 이야기를 하라니! 아으, 다롱디리 열라리 열나! 육백 년 전에 꿀꺽 삼켰다 얹힌 쌍화가 아직도 꽉 막혀 있는 것만 같구먼. 쌍화가 뭐냐고? 내가 좋아하는 원나라식 찐만두야.

아무튼 신진 사대부의 굳건한 지지 속에 그 중놈, 아니 신돈이 우리

동료들을 닥치는 대로 유배 보낸 것도 모자라 땅과 노비까지 몽땅 빼앗아 버렸지. 그냥 아주 숨이 막힐 지경이었다고나 할까? 그러다 절호의 기회가 찾아왔어! 백성들에게 칭송받던 신돈이 기고만장해져서 자만에 빠지기 시작한 거야. 우리는 그 틈을 놓치지 않고 공민왕에게 달려가 거리에 떠도는 소문들을 살살 풀어놓았지.

"신돈이 뇌물을 무진장 받아먹더니, 이젠 간이 커져서 역모까지 꾸민다던데, 괜찮으심?"

"백성들 사이에서 신돈의 인기가 임금님보다 더 높다능. 어쩔?"

그때 역모 운운한 건 가짜 뉴스를 퍼트린 거라 좀 미안한 일이긴 하지만 어차피 다 먹고살자고 하는 짓이잖아. 어떡하겠어? 신돈을 죽여야 우리가 사는데……. 게다가 장터에 떠도는 풍문이 그렇다는데, 뭐. 결국 공민왕은 신돈을 잡아들여 처형을 해. 끄억! 육백 년 전 먹고 체했던 쌍화가 이제야 쑥 내려가는군.

그때 신진 사대부인지 뭔지 하는, 새파랗게 젊은 녀석들은 뭘 하고 있었냐고? 풋내기 녀석들, 사실 겉으로는 신돈과 짝짜꿍하는 것 같아 보이긴 했지만 아마 속으로는 은근히 불만이 많았을걸? 신돈은 절에서 도를 닦던 중이고, 신진 사대부는 유학을 공부하는 선비잖아. 근본적인 생각이 같을 수는 없지. 그래서 공민왕이 신돈을 처형할 때 크게 반대하지 않은 것 같아. 영악한 놈들!

어쨌든 신돈이 죽고 나자, 고려는 다시 권문세족의 세상이 되었어. 그 중놈, 아니 신돈만 생각하면……. 아으, 열라리 열나! 끄억!

어때, 세 사람 이야기 잘 들었니? 역사학자들은 공민왕이 개혁에 성공했더라면 고려가 조금 더 지속되었을지도 모른다고 이야기해. 하지만 공민왕의 개혁은 실패로 돌아갔고, 고려는 다시 권문세족의 세상으로 바뀌었지.

그런 시절도 오래가진 못했어. 무력을 장악한 이성계 세력과 개혁에 목숨을 건 신진 사대부가 힘을 합해 권문세족한테 빡빡하게 맞섰거든. 그러다 이성계와 신진 사대부 쪽으로 권력이 훌쩍 넘어오는 결정적인 사건이 일어나. 죽었던 신돈이 살아 돌아오기라도 했냐고? 에이, 그럴 리가!

직진이냐 유턴이냐, 위화도 회군

1388년 5월, 압록강 하류에 솟아 있는 섬 위화도. 이 섬 이름, 어디서 많이 들어 본 것 같지 않니? 아무튼 이성계는 푸르른 강물을 바라보며 일생일대의 고민에 빠졌어.

'이대로 요동 정벌에 나서느냐, 아니면 개경으로 군대를 돌리느냐? 그것이 문제로다!'

'지금의 고려군 전력으로 요동 정벌에 나서 명나라와 싸운다면 승리를 장담할 수 없고, 그렇다고 왕의 명령을 어기면 반역이 될 것인데……. 이를 어쩐다?'

고려의 스타 장수이자 백전백승의 전설, 이성계 장군이 어쩌다 '죽느냐 사느냐'로 갈등하던 햄릿보다 더 곤란한 상황에 놓이게 된 걸까? 이성계는 유유히 흘러가는 강물을 바라보며 몇 달 전 상황을 찬찬히 되짚어 보았어.

이래서 안 되고 저래서 안 되고

몇 달 전, 명나라는 뜬금없이 고려에 일방적인 통보를 해 왔어.

"철령 위쪽 땅은 원래 원나라 것이었으니 요동으로 귀속시키도록 하라."

말하자면 명나라가 원나라를 몰아내고 중국 대륙의 새 주인이 되었으니, 예전에 원나라가 다스리던 땅을 몽땅 내놓으란 뜻이었어. 여기서 철령 위쪽 땅은 공민왕이 원나라와 힘겹게 싸워서 되찾은 함경도 지역을 가리켜.

고려 제32대 왕인 우왕(공민왕의 아들)은 강하게 반발했지. 실권을 쥐고 있던 최영 장군 역시 이참에 압록강을 건너 요동을 확 정벌해 버리자고 주장했어.

"명나라는 지금 원나라의 남은 세력과 싸우느라 바빠서 요동을 무방비로 내버려 두고 있습니다. 다시 오기 힘든 기회입니다!"

최영은 곧 고려의 이인자 이성계를 불러서 요동 정벌에 대한 의견을 물었어. 그런데 이성계의 입에서 뜻밖의 대답이 흘러나오지 뭐야?

"작은 나라가 큰 나라를 거스르는 건 옳지 않은 일이고, 여름철에

군사를 일으키는 건 적절하지 못합니다. 더구나 요동을 공격하는 동
안 남쪽에서 왜구가 쳐들어올 위험이 있으며, 덥고 습한 계절이라 활
의 아교가 녹아서 쓰기 어려운 데다 전염병까지 돌기 쉽습니다."

　이게 바로 이성계가 네 가지 이유를 들어 정벌에 나서면 안 된다고
주장했다는 '4불가론'이야.

　돌격하라, 요동으로!

　이성계의 대답을 들은 최영은 엄청 당황했지. 여태 자기와 뜻을 같
이해 온 이성계가 반대를 하리라고는 눈곱만치도 예상하지 못했으니

까. 하지만 마음을 다잡은 최영은 요동 정벌을 더욱 세차게 밀어붙였어. 곧바로 자신을 총사령관 격인 8도도통사, 조민수를 좌도도통사, 이성계를 우도도통사로 정하고 요동 정벌군을 꾸렸지. 성대한 출정식을 마치고 고려의 원정군 오만 명이 요동으로 출발했어.

이때 최영은 역사의 물줄기를 바꿀 결정적인 실수를 저지르고 말아. 뭐냐고? 바로 총사령관인 자신이 출정을 하지 않은 거야! 총사령관이 전쟁에 안 나간다니, 그게 무슨 소리냐고? 그러니까 국가대표 축구팀 감독이 월드컵 결승전을 앞두고 축구장에 가지 않고 집에서 전화로 작전을 지시하는 거나 마찬가지지.

이유가 아주 없지는 않았어. 우왕이 징징대며 최영을 붙잡았거든. 우왕은 아버지인 공민왕이 측근에게 암살당한 걸 보고 늘 불안해했어. 그래서 자기도 그런 위험에 빠질까 봐 분위기 파악 제대로 못하고 최영에게 남아 달라고 애원한 거야. 오늘날까지도 최영이 직접 요동 원정에 나서지 않은 이유를 두고 말들이 많아. 그중에서 가장 설득력 있는 가설은 최영이 자신의 오른팔인 이성계를 '너무' 믿었기 때문일 거라고 해.

어쨌든 고려의 원정군은 임시 군사 기지인 평양을 출발한 지 십구일 만에 압록강 하류에 솟아 있는 섬, 위화도에 닿았어. 이때 고려군의 상황은 이성계의 예상대로 썩 좋지 않았지. 식량이 부족한 데다 전염병까지 나돌아서 병사들이 하나둘씩 쓰러졌고, 하루가 다르게 도망자가 늘어났거든. 게다가 장마철에 강물이 불어나서 강을 건너는 것

마저도 만만치가 않았어.

이성계는 이런 어려움을 낱낱이 써서 최영에게 그만 돌아가고 싶다는 편지를 보냈어. 하지만 최영은 진격하라는 말만 할 뿐, 이성계의 요청에는 조금도 귀를 기울이지 않았지. 요동으로 진격하자니 상황이 여의치 않고, 개경으로 군대를 돌리자니 반역이 될 터이고……. 이성계는 이러지도 저러지도 못하는 진퇴양난에 빠지게 된 거야.

갈 때는 느릿느릿, 올 때는 바릿바릿

이성계는 고민 끝에 군대를 나눠 지휘하고 있던 좌도도통사 조민수를 설득해서 개경으로 돌아가기로 결정했어. 위화도를 출발한 원정군은, 아니 이젠 반란군이로군. 에헴! 이성계의 반란군은 갈 때보다 두 배나 더 빠른 속도로 행군했지.

총사령관인 최영의 허락을 받지 못했기에 명백한 반역 행위였지만, 이성계에게 다른 선택지가 없었어. 회군이 성공하면 혁명이요 실패하면 반란이니, 무조건 돌아가서 권력을 잡는 수밖에!

이성계가 돌아온다는 소식을 접한 최영과 우왕은 우왕좌왕했어. 최영은 자신이 직접 출정하지 않은 걸 뼈저리게 후회했지만, 이미 때는 늦어도 한참 늦었지. 게다가 최영에겐 병사가 얼마 남아 있지 않았어. 정예군을 모두 원정에 내보냈으니 무슨 병사가 남아 있겠어? 그래도 어떡해? 개경을 지키려는 노력은 해 봐야지.

조선 건국, 진짜 주인공은 누구일까?

그 시각, 위화도 회군 소식이 최영에게 미처 닿기도 전에 잽싸게 개경을 빠져나가는 젊은이가 있었어. 바로 이성계의 아들 이방원이야. 최영은 만일에 대비하기 위해 이성계의 가족을 개경에 붙잡아 두었는데, 어떻게 알았는지 위화도 회군에 대한 소문이 퍼지기도 전에 이방원의 지휘 아래 개경을 탈출해 버렸지 뭐야.

위화도를 출발한 지 겨우(!) 구 일 만에 이성계의 군대가 개경에 도착했어. 궁궐을 포위한 이성계는 우왕에게 요동 정벌을 무리하게 강행한 최영을 내보내 달라고 요청했지. 우왕이 이성계의 청을 들어주지 않자, 양쪽 군대 사이에 전투가 벌어졌어. 그렇지만 워낙 머릿수 차이가 크니 상대가 되어야 말이지. 결국 싸움에 패배한 최영은 이성계 앞으로 끌려 나오는 수모를 겪게 돼.

조선 건국으로 향하는 출발점이 된 결정적인 사건, '위화도 회군'은 그렇게 대단원의 막을 내렸어.

요동 정벌, 가능 vs. 불가능
⋯ 명나라와 고려의 외교 관계 ⋯

위화도 회군은 고려에서 조선으로 넘어가는 데 결정적인 사건이었다. 조선 건국의 시작점이라고 할까? 그런데 이성계가 군대를 이끌고 위화도까지 간 건 '요동 정벌' 때문이었다. 고려는 왜 요동을 정벌하려 했을까?

사실 요동 정벌을 둘러싼 논쟁은 지금도 계속되고 있다. 그 가운데 가장 크게 논란이 되는 주제는 '과연 요동 정벌이 가능했느냐?' 하는 것. 그 문제에 답을 얻기 위해서는 그 당시 동아시아의 국제 정세를 먼저 살펴보아야 한다.

고려 말인 1368년, 한족 출신으로 농민 반란을 이끌던 주원장이 백 년 넘게 중국 대륙을 지배하던 몽골족의 원나라를 만리장성 너머로 밀어내고 명나라를 건국한다. 그렇게 대륙의 새 강자로 떠오른 명나라는 요하(만주 남쪽 지역을 지나는 랴오허강) 동쪽 지역인 요동에 있던 여진 세력을 몰아내고, 십여 년 전 고려의 공민왕이 원나라로부터 되찾은 철령 이북 땅을 내놓으라며 고려를 압박한다.

고려 최고 실권자이자 백전노장 최영은 명나라의 우격다짐에 즉각 반발했고, 이참에 차라리 요동을 정벌해 버리기로 마음먹는다. 우왕과 최영은 가장 신뢰하는 장수인 이성계에게 요동 정벌을 명한다.

최영이 요동 정벌을 밀어붙인 까닭

최영이 최고 권력자 자리에서 밀려나고 급기야 고려 멸망으로 이어진 요동 정벌. 이성계가 네 가지 이유를 들어 강력하게 반대했음에도 불구하고 최영이 요동 정벌을 끝까지 밀어붙인 까닭은 무엇일까?

첫째, 명나라의 부당한 요구에 대한 반감 때문이다. 최영은 고려 땅을 내놓으라는 명나라의 요구는 잘못되었고, 부당한 요구를 한 번 들어주게 되면 다음에 또 어떤 요구를 할지 모른다고 생각했다. 그래서 무장 출신답게 요동을 선제공격해서 고려 땅도 지키고 명나라에 고려의 힘도 보여 주리라고 마음먹은 것이다.

둘째, 요동은 조상 대대로 우리 영토였다는 의식이 강했다. 고조선과 고구려를 거쳐 발해까지, 우리 민족이 차지하고 있던 땅이었으니까. 게다가 고려는 고구려를 계승한 나라라는 자부심이 있었다. 그 때문에 고려 사람들은 늘 옛 고구려 영토를 되찾아야 한다는 열망이 넘쳤다. 최영도 마찬가지! 그것이 바로 요동 정벌을 단행한 이유였다.

마지막으로, 요동 정벌에 나설 경우에 승산이 있다고 여겼다. 강성하던 원나라마저 몰아낸 명나라와 대적하는 게 가능하다고 믿었던 것이다.

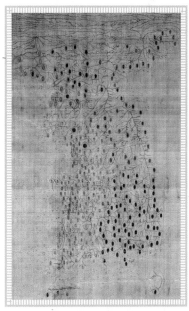

조선 전기인 1500년대 중반에 제작된 〈조선방역지도〉. 만주까지 조선의 영토로 표기한 것으로 미루어, 조선 시대까지도 요동을 우리 땅으로 생각하고 있었다는 사실을 알 수 있다. ©문화재청

가능 vs. 불가능, 어느 쪽이 맞을까?

그 당시 요동에는 명나라 군사가 많지 않았다. 십오만 명에 달하는 명나라 군사가 북원(북쪽으로 밀려난 원나라를 일컫는 이름) 원정에 나섰기 때문에 사실상 요동은 비어 있는 것이나 마찬가지였다. 그렇기 때문에 오만 명 정도로 이루어진 고려군이 요동을 정벌하는 게 마냥 불가능한 일만은 아니었다. 설령 명나라 군대가 요동으로 군대를 돌린다 해도, 고려의 군사력으로 어느 정도 막아낼 여력이 있었던 게 사실이다.

최영이 또 하나 믿은 건 이성계였다. 공민왕 시절, 젊은 무장이던 이성계는 군사를 이끌고 요동을 잠시나마 점령한 경험이 있었다. 그래서 그곳 주민들이 이성계의 이름을 익히 알고 있었고, 고려군에 대해 그리 적대적이지는 않으리라고 추측했다. 이러한 것들을 근거로 최영은 요동을 정벌해 옛 영토를 회복하고, 명나라가 고려를 함부로 대하지 못하게 만들 수 있는 절호의 기회라고 판단했던 것이다. 오늘날, 요동 정벌이 가능했을 것이라 예측하는 사람들의 생각도 이와 비슷하다.

하지만 부정적인 시각도 꽤 많다. 이성계가 주장한 4불가론은 핑계라 치더라도, 많은 사람이 요동 정벌은 실제로 불가능했을 것이라고 여긴다. 그 무렵 명나라는 전투에는 이골이 난 몽골족을 몰아내고 중국 대륙의 새로운 주인이 되었다. 이렇게 한창 기운이 뻗어 나가는 신흥 강국을 상대로 전쟁을 벌이는 건 승산이 낮을 수밖에 없다. 설령 일시적으로 요동을 점령한다 해도 명나라가 머릿수로 밀고 들어오면 오랜 시간 지켜내기가 어려웠을 것이라는 추측이다. 고려는 이미 1107년에 윤관을 보내 두만강 유역의 여진족을 몰아내고 동북9성을 쌓아 고려 영토로 만든 경험이 있었다.

하지만 이를 지킬 힘이 부족해 여진족에게 되돌려 준 걸 감안해 보면, 요동 지역을 지키는 게 얼마나 어려운 일인지 짐작하게 한다.

요동 정벌에 실패한 진짜 이유

아무튼 요동 정벌은 야심차게 시작되었고, 최영은 기대 반 걱정 반으로 이성계의 소식을 기다렸다. 하지만 들려온 소식은 원정군이 요동 땅을 채 밟기도 전에 말머리를 돌렸다는 급보였다. 전쟁터에서 잔뼈가 굵은 총사령관인 최영은 왜 결정적인 순간에 잘못된 판단을 내린 걸까?

요동 정벌을 기획한 최영은 변화하는 국제 정세를 올바로 파악하지 못했다. 떠오르는 강자인 명나라를 너무 만만하게 봤다고나 할까? 어쩌면 요동 정벌에 나서기 전에 외교적으로 접근했으면 손쉽게 해결했을지도 모르겠다. 어차피 명나라는 비어 있는 요동에 손쓸 틈이 없었으니, 고려가 먼저 교섭에 나섰더라면 제법 유리한 결과를 얻지 않았을까?

무엇보다 최영은 이성계를 너무 믿었다. 요동 정벌에 반대하는 장군을 책임자로 세운 것도 문제지만, 이미 혁명을 꿈꾸고 있던 이성계의 마음을 간파하지 못한 건 더욱더 뼈아픈 실책이었다.

비록 요동을 정벌하진 못했지만, 그후로 명나라는 철령 이북 땅을 차지하려던 계획을 접었다. 고려의 강력한 저항이 두려워서인지는 알 수 없지만, 더 이상 영토 문제로 고려, 나아가 조선을 압박하지는 않았다. 그런 면에서 요동 정벌은 시도도 해 보기 전에 끝나 버렸지만, 고려 땅을 오롯이 지키는 데는 어느 정도 역할을 했다고 볼 수 있겠다.

시대와 장소가 다를 뿐, 역사는 반복된다
⋯ 루비콘 강의 카이사르 vs. 위화도의 이성계 ⋯

역사를 되짚어 보면, 간혹 서로 다른 시대와 문화권인데도 불구하고 비슷한 사건이 발생하는 놀라운 우연(?)을 발견할 수 있다.

기원전 49년, 갈리아 지방(지금의 프랑스 지역)의 총독으로 있던 로마의 카이사르는 깊은 고민에 빠져 있었다. 몇 해 전, 고생 끝에 갈리아 지방을 차지했는데, 로마 원로원이 그만 돌아오라는 명령을 내렸기 때문이다. 로마 원로원은 로마 시민과 군인들 사이에서 인기가 높은 카이사르가 황제가 되려는 야심을 품고 있다고 의심했다. 그래서 공화정을 지키기 위해 카이사르를 불러들여 처형하려는 계획을 세우고 있었다. 카이사르 역시 그 사실을 잘 알고 있었다. 원로원의 명령을 따르자니 죽음이 기다리고, 안 따르자니 반역자가 되는 진퇴양난의 상황에 빠진 셈이었다.

깊은 고심 끝에 카이사르는 결단을 내렸다. 바야흐로 그 앞에는 루비콘 강이 가로놓여 있었다. 로마에서 타 지역으로 원정을 나갔던 장군은 누구나 루비콘 강을 건너기 전에 군대를 해산하고 무장을 해제해야 했다. 그것이 로마법이었다. 하지만 결단을 내린 카이사르는 로마법을 무시한 채 "주사위는 던져졌다!"고 외치며 무장을 한 채 루비콘 강을 건넜다. 로마에 대한 반역이자 원로원을 향한 쿠데타였다.

카이사르가 군대를 이끌고 로마에 입성하자, 이 일을 꾸민 주동자인 폼페이우스는 이집트까지 도망쳤다 암살당했다. 원로원 세력도 카이사르에게 금세 제압당하고 말았다. 그 후 카이사르는 비록 황제의 자리에 오르지는 못했지만 엄청난 권력을 누렸다.

카이사르는 그로부터 십 년이 채 지나지 않아 공화정 옹호파에게 암살되었고, 그의 양아들 옥타비아누스가 로마의 초대 황제 자리에 올랐다. 카이사르는 황제가 아니었는데도 불구하고 제정 로마의 초석을 다진 인물로 지금까지 평가받고 있다.

'주사위가 던져진 날'로부터 1,400여 년이 지난 어느 날, 고려의 이성계도 압록강을 눈앞에 두고 고민에 빠졌다. 요동을 정벌하러 나선 그는 승산 없는 전쟁을 접기로 하고 말머리를 돌렸다. 왕의 명령 없이 군대를 돌렸으니 명백한 반역이었다.

카이사르가 루비콘 강을 건너면서 돌이킬 수 없는 길에 들어선 것처럼, 이성계는 위화도에서 과감하게 회군을 결정했다. 위화도 회군은 옳다 그르다와 같은 판단을 떠나서, 우리 역사의 흐름을 바꾼 결정적인 사건으로 자리매김했다. 그런 점에서, 로마 '제국'을 만든 카이사르의 쿠데타와 매우 비슷해 보인다.

카이사르의 개선 행진을 묘사한 그림. 중앙의 월계관 안에 전쟁에서 승리한 카이사르가 원로원에 보냈다는 유명한 한 줄 보고서, 즉 '왔노라, 보았노라, 이겼노라'가 새겨져 있다. 이탈리아 작가 안드레아 안드레아니의 1599년 작품. ⓒ미국 메트로폴리탄 미술관

가짜를 폐하고 진짜를 세우다

"이건 나의 본심이 아니오."

최영이 군사들에게 붙잡힌 채 밖으로 끌려 나오자, 이성계가 비장한 목소리로 말했어.

"나라가 편안치 못하고 백성의 원망이 하늘에 닿아 어쩔 수 없이 이리한 것이오. 잘 가시오, 잘 가시오."

두 사람은 마주 보고 한참 동안 눈물을 흘렸지. 이성계는 자신을 믿어 준 최영을 배신했으니 미안한 마음에 그랬다 치고…… 최영은 왜 그렇게 눈물을 흘린 걸까? 자신이 직접 원정에 나서지 않은 것에 대한 후회 때문에? 아니면 아들처럼 아끼던 이성계에게 배신감을 느껴서?

이성계와 작별한 최영은 고봉현(지금의 경기도 고양시)으로 유배를 갔다가 훗날 개경으로 압송된 뒤 처형당했어. 그가 죽던 날, 개경의 시장이 전부 문을 닫고 어른 아이 할 것 없이 모두 눈물을 흘렸다고 해. 최영 장군을 존경하는 백성들의 마음이 어땠는지 짐작할 만하지?

"황금 보기를 돌같이 하라."는 아버지의 유언에 따라 평생토록 청렴결백하게 살았던 고려 최고의 장군 최영은 그렇게 역사의 무대 뒤로 사라졌어. 백전백승의 장군이었지만, 위화도에서 군사를 돌린 이성계에 의해 비극적인 운명을 맞이하게 되었지. 믿는 도끼에 발등 찍힌 것이라 볼 수도 있고, 알짜배기 황금인 이성계를 돌같이 본 잘못을 저지른 것일 수도 있고……

급진 개혁파 vs. 온건 개혁파

위화도 회군 이후 고려 조정은 신진 사대부가 장악했어. 하지만 신진 사대부 내에서도 의견의 차이가 있었지. 정도전과 입장을 같이하는 급진 개혁파는 낡은 고려를 확 무너뜨리고 새 나라를 세우는 역성혁명(임금의 성씨를 바꾼다는 뜻으로, 왕조 교체를 가리키는 말)을 해야 한다고 주장했고, 정몽주로 대표되는 온건 개혁파는 고려의 틀을 유지한 채 차근차근 개혁을 해 나가야 한다고 맞섰어.

두 세력은 훗날 조선을 세우는 과정에서도 격렬하게 대립하는데,

여기서 잠깐!

우왕은 정말로 신돈의 아들일까?

고려 제32대 임금인 우왕은 어릴 때 모친이 죽는 바람에 궁 밖의 외가에서 자랐다. 그러다가 공민왕의 오른팔이던 신돈의 집에서 살게 되는데, 공민왕이 갑작스레 암살당하자 1374년에 열 살의 나이로 왕위에 올랐다. 우왕은 어린 나이에 왕이 되었을 뿐 아니라, 나라 안팎으로 혼란스러운 때여서 큰 뜻을 펼치기 어려웠다. 심지어 왕이 되었다는 걸 원나라와 명나라에 동시에 알려야 할 정도로 외교적으로 줄타기를 해야 살아남는, 그야말로 위태로운 시기였다. 1388년에 요동 정벌을 강행한 우왕은 위화도에서 회군한 이성계에 의해 폐위되었고, 그 뒤로 지방을 전전하며 유배 생활을 하다가 결국 이성계 세력에게 살해당했다.

우왕은 죽은 뒤에도 다른 고려의 왕과 달리 시호를 받지 못하고 원래 이름 그대로 '우왕'이라고 불렸다. 신돈의 아들이라는 불미스러운 누명을 쓰고 왕위에서 쫓겨났기 때문이다. 그후 조선 시대에 발간한 역사서에도 대부분 공민왕의 아들이 아니라 신돈의 아들이라는 식으로 기록되었다. 이를 두고 의견이 분분한데, 조선이라는 나라가 세워지게 된 정당성을 확보하기 위해 일부러 부풀려진 소문을 그대로 적은 것이라는 시각도 있다.

위화도 회군 뒤 얼마 동안은 그런대로 사이가 괜찮은 편이었어. 두 세력이 피 터지게 싸우는 이야기는 조금 있다 하기로 하고, 일단 위화도 회군 이야기부터 마무리할게.

이성계의 군대가 개경을 점령하면서 일으킨 혼란이 미처 가라앉기도 전에, 우왕은 환관 팔십여 명을 보내 이성계의 집을 습격하게 했어. 자신을 지켜 주던 최영이 없어진 판이라 지푸라기라도 잡고 싶은 심정이었나 봐. 하지만 전쟁터에서 잔뼈가 굵은 이성계가 그런 허술한 습격에 호락호락 당할 리가 없지. 결국 우왕은 무리수를 둔 탓에 되레 강화도로 쫓겨나는 신세가 되고 말았어.

그다음에는 쫓겨난 우왕 대신 세울 왕을 정하는 게 문제였어. 이성계 쪽은 우왕이 공민왕의 아들이 아니라 신돈의 자식이라고 주장하며, 다른 왕족 가운데서 한 명을 골라 왕위에 앉히려 했어. 누가 소문을 냈는지는 모르겠지만, 그 당시 고려에는 우왕이 신돈과 여종인 반야 사이에서 태어난 자식이라는 풍문이 떠돌고 있었거든. 신돈이 처형당할 때하고 뭔가 비슷한 상황인 거 같은데……. 증거가 없으니, 뭐.

그런데 그렇게 망설이는 사이, 요동 정벌에 이성계와 함께 출정했던 장군 조민수와 온건 개혁파의 우두머리인 이색이 작당을 해서 우왕의 아들인 창왕을 잽싸게 왕위에 앉혀 버렸어. 이성계 입장에서는 멍 때리다가 이색과 조민수한테 한 방 얻어맞은 셈이야.

고려의 마지막 왕, 공양왕

창왕이 왕위에 오른 지 일 년 뒤, 폐위된 우왕이 또 한 번 실수를 저질렀어. 자신을 따르는 부하들을 시켜 이성계를 암살하려다 실패한 거야. 우왕의 잇따른 실패는 어떤 결과를 불러오게 되었을까?

얼마 후, 개경에서 가장 큰 절인 홍국사에 이성계와 정도전, 정몽주 등 고려를 움직이는 핵심 9인방이 모이게 돼. 이날 홍국사에 모인 아홉 사람은 긴 회의 끝에 '폐가입진'을 결정했지.

폐가입진이란 '가짜를 폐하고 진짜를 세운다.'는 뜻이야. 한마디로 우왕이 신돈의 자식이므로 우왕의 아들인 창왕 역시 쫓아내고, 왕씨 성을 가진 고려 왕족 중에서 새로운 왕을 세워야 한다는 거지. 아홉 사람은 열띤 토론 끝에 왕족 중에서 가장 우둔해 보이는 사람을 왕위에 앉히기로 했어. 그 사람이 바로 고려의 마지막 왕인 공양왕이야.

공양왕은 한사코 거부하다가 거의 반강제로 왕위에 올랐어. 그 좋다는 왕위를 왜 마다했냐고? 공양왕이 아무리 멍청해도 그렇지, 꼭두각시처럼 왕위에 앉아 있다가 이성계에게 자리를 넘겨줘야 한다는 걸 모를 리가 없잖아? 그랬다간 고려를 망하게 한 왕으로 역사에 길이 남을 텐데, 그런 비극적인 역할을 맡고 싶었겠어?

그래도 어떻게 해? 권력을 장악한 이성계와 신진 사대부가 하라면 해야지, 뭐. 폐가입진 후 이성계와 신진 사대부는 우왕과 창왕을 유배지에서 죽여 버렸어. 이것으로 위화도 회군은 그럭저럭 마무리가 되었고, 이성계를 언제 어떻게 왕으로 올리느냐 하는 절차 아닌 절차만

남겨 놓았지.

위화도 회군은 고려 역사를 마무리하는 사건인 동시에 조선이라는 나라의 출발점이라고 할 수 있어. 위화도 회군이 없었다면 조선이라는 나라가 세워지지 않았거나, 역사의 흐름이 전혀 다른 방향으로 나아갔을 수도 있었을 테니까 말이야.

자, 여기서 질문! 조선 건국에서 가장 중요한 사건이라 할 수 있는 '위화도 회군'을 성공시킨 주인공이 누구야? 그래, 바로 이성계지. 그러니 이성계를 조선 건국의 진짜 주인공으로 보는 게 당연하지 않겠어? 오백 년 왕조를 연 조선의 첫 번째 임금이라는 건 둘째치고서라도 말이야.

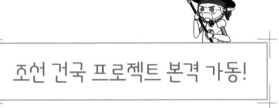

조선 건국 프로젝트 본격 가동!

　어때, 이성계가 조선을 세운 진짜 주인 공이라는 데 동의하니? 동의하는 친구도 있고 그렇지 않은 친구도 있을 거야. 동의하지 않는 친구들은 아마도 이렇게 항변하겠지.

　"그럼 이성계를 왕으로 만든 사람은 누구죠? 조선 건국 아이디어가 전적으로 이성계 머릿속에서 나왔냐고요."

　이성계가 위화도 회군을 성공적으로 이

사실 조선 건국은 내가 프로그래밍했다네. 히힛ᆻ!

끈 건 사실이지만, 그 전에 이미 조선 건국 프로젝트가 시작되었다고 봐야 해. 언제부터냐고? 정도전과 이성계가 처음 만난 날부터.

그럼 두 사람이 어떻게 만났는지 정도전에게 직접 들어 볼까? 알파 봇! 삼봉 선생 좀 불러 줘.

권문세족에게 밉보여 유배를 가다

반갑구먼, 반가워! 멍 박사라고 그랬나? 나, 삼봉 정도전일세. 대체 언제쯤 불러 주려나, 하고 한참 기다리고 있었다네. 그럼 내가 이성계를 처음 만난 이야기부터 풀어 볼까?

개혁 정치를 펼치던 공민왕이 죽자, 고려는 다시 옛날 모습으로 돌아갔지. 권문세족이 권력을 잡으면서 개혁은 죄다 중단되었고, 공민왕 시절에 관리로 뽑힌 신진 사대부는 탄압을 받게 되었어. 권문세족의 첫 번째 제거 대상은 바로 나, 정도전이었네.

왜냐고? 신진 사대부 가운데서도 내가 제일 앞장서서 권문세족을 비판했거든. 게다가 나는 명나라를 지지하는 입장이었고, 그들은 원나라에 빌붙어 살고 있었으니 그 누구보다 내가 눈엣가시였겠지.

어느 날 권문세족의 우두머리가 나에게 이런 명을 전하더군.

"이번에 원나라에서 사신이 오는데, 그대가 직접 접대하시오."

원나라 반대파인 나에게 그쪽 사신을 접대하라니! 기가 막힐 노릇이었지. 그래서 당당하게 대꾸했어.

"나더러 원나라 사신을 접대하라니요? 그럴 바에는 차라리 원나라 사신의 목을 베어 버리겠소."

권문세족은 내가 미끼를 덥석 물었다고 생각하고는 엄청 좋아했어. 왕의 명령을 거역한 나를 조정에서 날려 버릴 수 있는 절호의 기회였으니까. 결국 나는 유배를 가게 되었지. 보다 못한 내 친구가 나를 구슬릴 정도였다니까?

"이번 한 번만 고개를 숙이고 참는 게 낫지 않겠나?"

"쓸데없는 소리 하지 말게. 난 내 뜻을 굽히지 않겠네."

나는 친구의 회유를 단호히 거부하고 유배지로 떠났어. 그 후로 십 년 가까이 개경을 떠나 각지를 떠돌았는데, 그 시절이 나에겐 혁명을 꿈꾸게 한 굉장히 중요한 시간이었지.

내가 유배 간 곳은 전라도 나주의 한 부곡이었어. 부곡은 천민들이 모여 사는 지역인데, 나는 거기서 아주 놀라운 경험을 하게 되었지. 부곡에 사는 천민들은 천하게 태어났다고 사람들의 업신여김을 받았지만, 천성이 순박하고 근면한 데다 지혜롭기까지 했어. 뿐만 아니라 잘못된 세태를 날카롭게 비판하는 정치적 안목까지 지니고 있더군!

나는 여태껏 성리학을 공부하면서 이상적인 정치에 대해 머릿속으로만 고민했는데, 가난한 농민과 천민들의 힘든 생활을 몸소 겪으면서 '백성이 나라의 근본'이 되어야 한다는 생각을 품게 되었지. 그와 동시에 백성들의 마음이 이미 고려 왕실에서 떠났다는 사실도 절실히 깨달았다네.

지금은 역성혁명이 필요해

그때 나는 전에 읽은 《맹자》를 떠올렸어. 맹자가 말하길, 폭군은 혁명을 일으켜 쫓아내도 좋다고 했지. 나는 맹자의 혁명 사상이 고려에 꼭 필요하다고 느꼈어. 무능하기 짝이 없는 임금과 썩을 대로 썩어 빠진 대신들을 몰아내고 백성이 나라의 근본인 세상을 만들자!

혁명이란, 뒤집는 것을 말해. 혁명을 하기 위해선 '이념'과 '힘'이 필요하지. 이념은 나 같은 신진 사대부가 정리하면 되지만, 힘은 내가 어찌할 수가 없는 부분이야. 그래서 곰곰이 생각해 봤지. 그 당시 무력을 나눠 갖고 있던 두 사람 중 누가 적임자일까? 최영일까, 아니면 이성계일까? 누가 고려라는 낡은 틀을 뒤엎고 새 왕조를 열 인물로 더 알맞을까?

나는 고민 끝에 이성계를 점찍었어. 중앙 귀족 출신인 최영과 달리, 변방 출신인 이성계는 기꺼이 변화를 받아들일 수 있는 인물이라고 판단했거든. 게다가 이성계는 자신에게만 충성하는 군사를 따로 거느리고 있었으니, 그야말로 안성맞춤이었지.

나는 유배에서 풀려난 뒤에도 권문세족의 방해로 개경에 들어가지 못했어. 그래서 북한산 아래 초막을 짓고 학생들을 가르쳤는데, 이조차 고깝게 본 권문세족이 힘들게 지은 초막을 허물어 버렸지 뭐가. 그 바람에 본의 아니게 농민 체험과 천민 체험에 이어 철거민 체험까지 하게 되었지.

나는 곧 혁명을 함께 도모할 동지를 찾아 함경도로 떠났어. 그곳에서 운명처럼 이성계를 만났지 뭐야? 바야흐로 1383년 가을이었어.

킹 메이커 정도전의 잘난 척 타임

나와 이성계가 만나는 과정을 영화로 만든다면 주인공은 누가 될 것 같아? 당연히 나, 정도전이지. 내가 혁명의 꿈을 품고 이성계를 찾아가서 만났으니까. 기록에는 등장하지 않지만, 그날 나는 이성계에게 고려 혁명 프로젝트를 설명하고 뜻을 이룰 때까지 함께하기로 맹세했어.

그 후 이성계와 함께 역성혁명을 향해 쉬지 않고 달렸지. 그리고 마침내 고려를 무너뜨리고 새 나라를 세웠어. 그러니까 내가 바로 조선 건국의 주인공이고말고!

글쎄, 훗날 왕이 된 이성계도 이렇게 말했다니까?

"삼봉이 아니면 내 어찌 지금 이 자리에 앉을 수 있었겠소?"

에헴! 이거야말로 내가 조선 건국의 진짜 주인공이라는 확실한 증거 아닌가?

유방과 장량이라는 인물이 등장하는 중국의 《초한지》라는 소설 들

어 봤어? 시골 평민 출신 유방이 초패왕 항우와의 대결에서 승리한 뒤 한나라(중국)를 세우는 이야기야. 거기서 장량은 유방에게 전략 전술을 제공하는 핵심 참모 역할을 해. 그래서 이런 말이 생겼지.

"유방이 장량의 지혜를 빌린 게 아니라, 장량이 유방을 이용해 한나라를 세웠다."

후세 사람들이 나를 이성계의 장량이라고 하던데, 그게 바로 내가 이성계를 이용해 조선을 세웠다는 말이 아니고 뭐겠어?

자부심도 병이라고? 무슨 소리! 이건 근거 있는 자부심이래도? 공자는 물을 마실 때 그 근원이 어딘지 생각해 보라 하셨지. 새 나라 조선이라는 강물의 발원지가 어디겠어? 바로 이 사람, 정도전의 머릿속 아니겠어?

더 얘기하다간 입만 아플 거 같으니, 이쯤에서 내 자랑은 끝내고 이만 들어가야겠군. 흠흠!

토지 개혁으로 민심을 훔쳐라!

"멍 박사님, 그만 멍 때리고 이제 일어나세요!"

뭐라고? 아, 알파봇이구나. 방금 멍 때리고 있었던 거 아니야! 삼봉 선생 말씀을 들으며 개혁이란 게 도대체 무엇인지 생각하고 있었지. 이 녀석이 정말!

지금까지 온건 개혁파니 급진 개혁파니 어려운 말을 쓰긴 했는데, 정작 개혁이 뭔지는 얘기하지 않았잖아? 그러니 지금이라도 설명해야겠단 생각이 든 거지.

간단히 설명하면 개혁은 말 그대로 '뜯어 고치는' 거야. 고려 말, 정도전이 시도한 개혁의 핵심은 권력을 꽉 쥐고 있는 권문세족을 무너뜨리는 것이었어. 그러려면 토지 제도의 개혁이 제일 급하다고 여겼지. 그런데 왜 하필 토지 제도였을까?

생각해 봐. 고려 말, 아니 조선 시대까지도 대다수 백성들은 농민이었어. 농민이 뭐 하는 사람들이야? 농사를 짓는 사람들이잖아. 그러니 '나라의 근본은 백성'이라고 생각한 정도전에게는 농민들을 잘 먹고 잘 살게 해 주는 게 가장 큰 목표였던 거지.

그래서 신진 사대부 가운데서 급진 개혁파라고 불리는 정도전이나 조준 같은 사람은 농민들을 위해 토지 제도를 제일 먼저 개혁하려고 했어. 1%의 권문세족이 99%의 땅을 차지하고 있는 문제를 해결하지 못하면, 고려를 무너뜨리고 이성계를 왕으로 세웠을 때 백성들의 마음을 얻기가 힘들 테니까. 그냥 왕만 바뀔 뿐, 고려의 시즌 2가 시작되는 거랑 다를 바 없지 않겠어?

그래서 정도전은 전국의 토지를 나라가 전부 거둬들인 다음, 식구 수에 맞춰 백성들에게 고루 나눠 주자는 무지무지(!) 획기적인 개혁안을 제시했어. 백성들의 반응은 어땠을까? 농사지을 땅이 한 뙈기도 없었던 농민들은 두 손 들어 환영했고, 힘들게 박박 긁어모은 땅을 모조리 빼앗길 처지에 몰린 권문세족은 길길이 날뛰었지.

권문세족이 하도 격렬하게 반발하는 바람에, 이성계와 신진 사대부는 한발 물러날 수밖에 없었어. 그래서 조금 덜 급진적인 개혁안을 발표했지. 그것이 바로 '과전법'이야.

과전법으로 민심을 얻다

1388년, 위화도 회군을 한 뒤 조준의 상소로 과전법에 대한 논의가 시작되었어. 그러다 삼 년 뒤인 1391년 5월에 법으로 공포했지. 공식적으로 온 백성에게 알린 거야.

과전법? 그냥 들어서는 무슨 뜻인지 모르겠지? 핵심은 이거야. 개인이 불법으로 소유한(주로 권문세족이겠지?) 땅을 거두어 현직 관리와 퇴직 관리에게 '과전'이라는 토지로 나누어 주는 제도! 음, 토지를 진짜로 나눠 주는 게 아니라, 거기서 나오는 수확물을 거두어 갈 수 있는 권리만 주는 거야.

예를 들어, 내가 정3품 관리가 되어 과전을 받았다고 가정해 봐. 그러면 과전에서 생산된 수확물의 10분의 1을 내 월급으로 가져가는 거야. 나머지 10분의 9는? 농사지은 사람이 먹는 거지, 뭐. 그러니까 농민 입장에서는 수확물의 10분의 1만 세금으로 내고 나머지는 전부 가지는 셈이야. 고려 말이 되면서 수확물의 절반 이상, 아니 아예 농사지을 땅까지 죄다 빼앗겨서 입에 풀칠하기도 힘들었던 농민들로서는 두 손 들고 환영할 만하지 않아?

나라가 모든 토지를 거둬들인 뒤 백성들에게 공평하게 나눠 주자는 정도전의 급진적인 개혁안과 비교하면 상당히 후퇴하긴 했지만, 이전보다는 농민들의 삶에 큰 혜택을 주는 제도였거든. 게다가 과전법은 정도전을 비롯한 급진 개혁파에게 일석이조, 아니 일석삼조 이상의 효과를 냈지.

첫째, 수확물의 일정량만 세금으로 내고 나머지는 다 가져갈 수 있으니, 농민들의 살림살이가 이전보다 훨씬 나아졌어.

둘째, 권문세족이 불법으로 차지한 토지를 거둬들여서 그들에게 경제적으로 큰 타격을 주었지.

셋째, 위화도 회군 후 관리가 된 신진 사대부가 과전을 통해 안정적으로 월급을 받게 되면서 세력을 더욱더 탄탄하게 굳히게 된 거야.

보너스로 하나 더! 세금을 안정적으로 거둬들이게 되면서 나라 살림살이 역시 이전보다 훨씬 나아졌지.

물론 과전법은 경기도에서만 실시했다는 점에서 엄연히 한계가 있었어. 하지만 과전법이 시행되자 '백성들의 마음이 이성계에 더욱더 쏠리게 되었다.'는 기록이 있을 정도로 이성계와 신진 사대부 세력은 농민들에게 큰 호응을 얻었지.

과전법 시행 일 년 뒤, 이성계가 고려를 무너뜨리고 새 왕조를 세웠을 때 백성들이 크게 반발하지 않은 건 과전법 시행을 통해 민심을 미리 얻어 둔 결과 덕분이라고도 해.

이런 상황을 예상한 급진 개혁파는 위화도 회군 뒤 곧바로 이성계

를 왕위에 앉히지 않고, 토지 제도를 먼저 개혁해서 민심을 얻는 데 공을 들였던 거야.

불타는 토지 문서를 보며 피눈물 흘린 사람들

그런데 과전법이 시행되면서 눈물 나게 슬퍼한 사람들이 있었어. 누굴까? 뻔하지. 바로 땅 부자들이야. 정도전과 조준 등 개혁파는 토지 조사를 마무리하고 나서, 옛 토지 문서를 개경 거리 곳곳에 쌓아 놓고 불살라 버렸어. 그걸 보고 공양왕 역시 하염없이 눈물을 흘렸다고 해. 공양왕도 땅 부자였던 거지. 뭐, 아무리 꼭두각시였어도 왕은 왕이었으니까.

자, 위화도 회군으로 군대도 장악했고, 토지 개혁으로 민심도 얻었어. 이제 이성계가 모양새 좋게 옥새만 넘겨받으면 되는 상황이야. 그런데 여기에 결정적인 문제가 생겼지 뭐야? 죽을 때까지 뜻을 같이하자고 맹세했던 정도전과 정몽주 사이가 심상치 않은 거 있지?

토지 개혁 문제로 틈이 벌어지기 시작했다는데……. 정몽주와 정도전의 숨 막히는 우정과 배신의 드라마를 한번 살펴보자고!

세상에 둘도 없는 절친에서 앙숙으로

'쩌억~.'

무슨 소리냐고? 정도전과 정몽주의 삼십 년 우정이 한 방에 갈라지는 소리야.

두 눈이 초롱초롱 빛나던 어린 시절, 개경 최고의 성리학 전문 학원인 '이색 학당'에서 푸른 꿈을 함께 꾸며 영원토록 변치 말자는 다짐으로 우정을 나누었던 두 사람.

이랬던 두 사람이 온건파니 개혁파니 하면서 서로를 제거하지 않으면 안 되는 적이 되고 말았다니! 대체 왜 그렇게 되었을까?

너무 안타깝고 가슴이 아파서 도저히 내 입으로는 그 사연을 전할 수 없겠는걸. 냉정한 알파봇에게 두 사람의 우정과 결별 이야기를 읊어 보라고 해야겠다.

"알파봇! 이번에는 네가 좀 나서 줘야겠다. 오케이?"

"아니⋯⋯, 제가 비록 인공 지능이긴 하지만 슬플 때 눈물은 흘린다고요. 박사님 마음이 힘들면 저도 힘든 건데, 왜 죄다 저한테만 시키려고 하시는 거예요?"

"쳇, 네가 눈물을 흘리는 건 바둑에서 졌을 때뿐이잖아? 그리고 힘들어서 시키는 게 아니라, 우정과 결별 이야기를 통해 인간의 마음을 한번 헤아려 보라는 나의 깊은 배려라고, 배려."

"아유, 핑계도 좋으시네요. 알겠어요. 제가 한번 해 볼게요."

같은 꿈을 꾸었던 소년 몽주와 도전

소년 정도전은 이색 학당에서 정몽주를 처음 만났어요. 정도전보다 나이가 다섯 살 많았던 정몽주는 그때 이미 과거에 급제해 천재로 불리고 있었지요. 정도전은 정몽주가 어려운 옛 문장을 좔좔좔 해석하는 걸 보고 단박에 반해 버렸답니다.

뭐, 학문으로 치면 정도전 또한 만만치 않았어요. 두 사람은 나란히 과거에 급제해 이색 학당에서 성균관으로, 성균관에서 조정으로 나아가 관리가 되었거든요. 한창 개혁 정책을 밀어붙이던 공민왕 시절에 말이죠.

정도전은 정몽주가 '도덕의 으뜸'이라고 생각했어요. 그만큼 성리학을 몸소 실천하는 모범생이었단 얘기예요. 반면에 정몽주는 정도전이 누구보다 뛰어난 관리가 될 거라 믿었지요.

관리가 된 두 사람은 고려를 개혁해야 한다는 데 뜻을 같이했어요. 그러다 공민왕이 죽고 난 뒤 권력을 되찾은 권문세족에게 밉보인 탓에, 두 사람 다 유배를 가게 되었답니다. 정도전이 원나라 사신을 접대하라는 권문세족의 말을 거부하고 뻗대다가 귀양 간 얘기는 앞에서 이미 했죠?

두 사람은 유배지에서도 편지를 주고받으며 서로를 간절히 그리워했다고 해요.

굳고 곧은 지조를 함께 지키며 서로 잊지 말기를 길이길이 맹세해요, 몽주 선배.♡

정몽주도 정도전을 때론 친구처럼, 때론 동지처럼 여기며 아꼈어요. 정도전이 십 년 동안 떠돌이 생활을 하며 힘들어할 때 가장 큰 도움을 준 사람이 정몽주거든요. 정몽주는 명나라에 사신으로 갈 때 백

수 신세였던 정도전을 사신단의 일원으로 데려가기로 했지요. 정도전 역시 정몽주의 제안에 기꺼이 따라나섰고요.

그때 명나라에 사신으로 가는 건 무척 위험한 일이었어요. 명나라 황제가 고려 사신을 가두거나 죽이는 일이 다반사로 일어나는 데다, 밀린 조공을 바치지 않으면 고려로 쳐들어가겠다고 공공연히 협박을 해 대던 시절이었거든요. 그래서 권문세족이 '너 한번 죽어 봐라.' 하고 꼴 보기 싫은 정몽주를 일부러 보냈던 거예요.

그런데 명나라에 간 두 사람은 놀라운 말솜씨와 친화력으로 잡혀 있던 고려 사신을 구했을 뿐 아니라, 밀린 조공을 받지 않겠다는 약속까지 받아 냈다지 뭐예요? 그 덕분에 정도전은 귀국한 뒤 다시 관직에 나아가게 되었죠.

새 술은 새 부대에 vs. 고려 안에서 개혁

그 후로도 정도전과 정몽주는 권문세족에 맞서며 개혁의 뜻을 같이 했어요. 이성계가 위화도에서 회군한 뒤 흥국사에 모여 창왕을 폐위하기로 결정했을 때도 두 사람은 함께였죠.

그런데 두 사람 사이에 조금씩 금이 가기 시작한 건 급진 개혁파가 토지 개혁을 추진하면서부터예요. 이성계와 권력을 나눠 가지고 있던 온건 개혁파의 우두머리 이색은 '옛 제도를 함부로 고쳐서는 안 된다.'고 하면서 토지 개혁에 강력히 반대했어요.

　정도전은 이색의 수제자이지만 토지 개혁 문제만큼은 스승의 뜻을 따르지 않았어요. 오히려 더 과감하게 토지 개혁을 해야 한다며 적극적으로 이색을 비판하고 나섰지요. 이때 정몽주는 어느 편도 들지 않고 중립적인 태도를 취했답니다. 스승과 친구 사이에서 정몽주의 심정은 아주 복잡했겠죠.

　사실 두 사람은 고려 왕조에 대한 생각이 전혀 달랐어요. 정도전은 개혁을 완성하기 위해 고려를 무너뜨리고 왕조를 바꾸는 '역성혁명'을 해야 한다고 주장했거든요. 그래서 급진 개혁파를 역성혁명파라고 부르기도 해요.

반면에 정몽주는 이렇게 생각하고 있었죠.

'고려에 문제가 있는 건 분명하지만, 그 틀을 유지하면서도 충분히 개혁을 잘할 수 있어.'

이러한 생각의 차이로 두 사람 사이는 완전히 틀어지고 말았어요. 정몽주는 급진 개혁파인 정도전에 맞서서 고려를 끝까지 지켜내리라고 결심했죠.

고려를 무너뜨리려는 급진 개혁파 정도전, 고려를 지키려는 온건 개혁파 정몽주! 두 사람은 머지않아 고려를 무너뜨릴 것인가, 지킬 것인가 하는 문제를 놓고 돌아올 수 없는 강을 건너게 된답니다.

1391년 가을, 정몽주가 급진 개혁파에 대대적인 반격을 가한 이야기는……, 엄청 궁금하겠지만 다음 시간에!

이야, 알파봇, 많이 늘었구나. 두 사람이 뭔가 본격적으로 부딪치는 장면에서 이야기를 딱 끊어 버리네. 너무 인간극장 같은데? 아무튼 수고했어. 이색 학당에서 함께 공부하던 두 사람이 왜 적이 될 수밖에 없었는지는 이제야 좀 이해가 가네.

정도전과 정몽주의 결별은 정도전과 이성계의 만남 못지않게 중요해. 두 사람이 등을 돌리면서 조선 건국 역사에 내로라 손꼽히는 비극적인 장면이 연출되거든. 그 이야기는 다음에 하기로 하자고.

개혁과 변화냐, 전통과 국익이냐
··· 고려 말, 권문세족과 신진 사대부의 대립 ···

오늘날 우리 사회에는 수많은 갈등과 대립이 존재한다. 국가 간의 갈등은 물론, 종교 간의 갈등, 지역 간의 갈등 등등. 갈등이 전쟁으로 번진 사례도 허다하다. 우리나라로 시선을 좁혀도 마찬가지다. 미국이나 북한, 중국, 일본 등 주변국들과의 외교적 갈등을 비롯해 지역과 지역 사이의 갈등, 나아가 세대 사이에 생겨나는 갈등 등 점점 세분화되는 추세다.

이런 갈등은 비단 오늘날에만 존재하는 게 아니다. 물론 정치·경제·사회·문화 등이 복잡해지면서 예전에는 없던 새로운 갈등이 등장하는 경우도 있지만, 백 년 전이나 천 년 전에도 갖가지 종류의 갈등이 존재했던 건 매한가지다. 고려 시대에는 개경파니 서경파니 하는 지역 갈등이 매우 심했다. 지역 갈등이 쌓이고 쌓여 묘청의 서경 천도 운동으로 터져 나왔고, 심지어 군사적인 충돌까지 벌어졌다.

조선 시대도 예외는 아니었다. 대표적인 예로, 조선의 사대부들은 평안도와 함경도 출신 응시자들을 관리로 발탁하지 않으려고 과거 시험에서 불이익을 주어 떨어뜨리곤 했다. 한마디로 지역 차별이 낳은 갈등이었다. 이 같은 갈등은 조선 후기에 평안도 출신 선비인 홍경래가 난을 일으키는 원인으로 작용하기도 했다.

가장 뜨거운 대립, 진보와 보수

오늘날 방송이나 인터넷을 통해 정치인들이 여러 현안에 대해 갑론을박하며 갈등 상황에 놓이는 걸 쉽게 볼 수 있다. 정치적인 쟁점은 흔히 진보와 보수의 갈등으로 표출되곤 한다. 보통 '보수'는 기존의 풍습이나 전통을 유지하려는 세력을, '진보'는 변화와 개혁을 추구하는 세력을 가리킨다. 꼭 그런 건 아니지만, 대부분의 민주주의 국가에서는 보수를 대표하는 정당과 진보를 대표하는 정당이 있다. 결국 이들이 자신들을 지지하는 국민의 다양한 의견을 대변한다.

고려 말에도 오늘날과 같은 진보와 보수 사이에 갈등이 있었다. 권문세족과 신진 사대부의 갈등이 바로 그것이다! 보수 세력이라 할 수 있는 권문세족은 고려에 사사건건 참견하던 원나라에 연줄이 있고, 불교를 숭상하며, 높은 관직과 부를 소유한 개경의 기득권 세력이었다. 이에 반해 진보적인 신진 사대부는 새롭게 등장한 명나라와 친하고, 중국에서 들어온 학문인 성리학을 신봉하며, 과거 시험을 통해 관직에 진출한 지방 출신의 중급 관리가 많았다. 정도전과 정몽주 같은 선비가 여기 해당한다.

조선 후기 궁중 화가인 이한철이 그린 포은 정몽주의 초상. 정몽주는 고려의 권문세족에게 대항해 개혁에 나섰던 진보 세력이자, 고려를 지키고자 노력했던 보수 세력이기도 했다. 개성의 숭양서원에 소장되어 있던 초상화를 베껴 그린 작품이다. ⓒ국립중앙박물관

물론 고려 말 권문세족과 신진 사대부가 오늘날의 보수와 진보라는 틀

에 딱딱 들어맞는 건 아니다. 하지만 권문세족이 대대로 권력과 부를 세습하며 기득권을 유지하려 했다는 점, 신진 사대부가 새로운 이념인 성리학을 받아들여 사회를 개혁하려 했다는 점으로 미루어 볼 때 오늘날의 보수 세력과 진보 세력이랑 견주는 게 크게 무리해 보이지는 않는다.

보수와 진보의 대립은 조선 시대에도 이어졌다. 제7대 임금인 세조 시절에는 세조가 조카였던 단종을 쫓아내고 왕이 되는 데 공을 세운 훈구 대신들이 큰 세력을 이루었다. 이들은 공을 세운 대가로 막대한 부를 축적했고, 심지어 과거를 보지 않고도 관직에 나아갈 수 있는 혜택을 받았다.

이를 비판하며 새롭게 등장한 세력이 바로 지방에서 학문을 닦던 사림파였다. 보수적인 훈구파와 진보적인 사림파는 엎치락뒤치락하며 격렬하게 대립하며 사화(정치적 반대파에게 참혹한 화를 입히던 일. 한쪽이 당하면 반대쪽이 복수하는 식으로 화가 화를 부르는 경우가 많았다.)를 일으키기까지 했다. 몇 번의 큰 사화로 진보 세력인 사림파는 큰 타격을 받게 되었다. 하지만 성리학으로 무장한 사림파는 훈구파의 핍박 속에서도 끈질기게 살아남아, 결국 제14대 임금인 선조 때 정권을 장악했다.

끝없이 변화하는 진보와 보수

다시 고려 말 상황으로 돌아가 보면, 이성계와 신진 사대부는 위화도 회군으로 기득권 세력인 권문세족과의 대립에서 승리해 실권을 장악했다. 고려의 보수 세력(기득권을 나누지 않으려고 무작정 옛것을 따르는 수구 세력에 더 가깝지만)인 권문세족이 신진 사대부에게 자리를 내주게 된 이유는 간단하다. 자신들의 이익만 탐하다가 백성의 마음을 얻지 못했다는 점!

백성들의 땅을 권력으로 빼앗아 대농장을 경영하며 소작농들의 피를 빨아 먹는 권문세족을 누가 좋아했을까? 이에 반해 신진 사대부는 '나라의 근본은 백성'이라는 성리학의 민본 사상을 내세우며 토지 제도를 개혁해 백성들의 마음을 얻는 데 성공했다. 따라서 권문세족과의 다툼에서도 승리할 수 있었던 것이다.

그렇지만 진보 세력일지라도 권력을 잡고 시간이 지나면 보수화되기 십상이다. 또, 다른 진보 세력이 등장해서 이를 견제하기도 한다. 고려 말 신진 사대부도 마찬가지! 정권을 잡고 나서 고려라는 틀을 지키며 개혁하려는 온건 개혁파와 새 나라를 세우겠다는 급진 개혁파로 나뉘어 맞서게 되는데, 이 역시 보수와 진보의 대결이라 할 수 있겠다.

사실 보수라고 해서 마냥 나쁘기만 한 건 아니다. 위급한 순간, 보수 세력이 나서서 나라와 마을과 가족을 지키기 위해 목숨 걸고 앞장서기도 한다. 외적이 쳐들어온 임진왜란과 병자호란 때, 보수적인 지방 양반들이 나서 의병을 일으킨 예를 보아도 잘 알 수 있다. 보수의 가치는 전통을 지키는 데 있다. 진정한 보수는 품위를 중시하고, 인간의 자유를 최고의 가치로 여기며, 국가의 이익을 지키기 위해 노력한다.

하지만 불행하게도 우리 현대사에서 보수 세력은 본래의 뜻에 부합하지 못하는 경우가 많다. 인간의 자유를 최우선 가치로 여겨야 하는데도 불구하고 군부 독재에 협력하거나, 자본가의 편에 서서 개인의 이득을 챙기기에 급급했다. 어느 시대나 변화를 읽지 못하고 기득권 유지에만 골몰하면 도태되기 쉽다. 고려 말 권문세족의 예가 이를 잘 보여 준다고 하겠다.

우파와 좌파는 어디에서 나온 말일까?
… 세계사 속 진보와 보수의 대결 …

우리는 흔히 진보와 보수라는 말을 쓴다. 하지만 유럽에서는 조금 다르다. '좌파'와 '우파'라는 용어를 사용하는 경우가 많다. 인간의 기본권인 자유와 평등을 중요한 가치로 여기는 건 좌파나 우파 모두 같다. 하지만 좌파는 자유보다 평등을 더 중시하는 반면, 우파는 개인의 자유를 매우 중요하게 생각한다.

그래서 유럽에서는 진보적인 정당을 좌파 정당, 보수적인 정당을 우파 정당이라고 부른다. 영국, 독일, 프랑스 등 주요 유럽 국가들은 좌파 정당과 우파 정당이 권력을 주거니 받거니 하며 갈등을 해소하는 과정 속에서 사회를 발전시키고 국가를 이끌었다.

그럼 좌파와 우파라는 말은 언제, 어떻게 생겨났을까? 좌파와 우파라는 말은 프랑스에서 제일 처음 사용되었다. 1789년에 프랑스 대혁명이 일어난 후, 성직자와 귀족, 평민 등 신분으로 구분하던 삼부회가 해산되고 정치 성향이 비슷한 사람들끼리 모여서 정당을 이루기 시작했다. 이후 국민의회가 열렸을 때 의장석을 기준으로 '좌'측에 과격파인 자코뱅파가, '우'측에 온건파인 지롱드파 사람들이 앉았다. 이를 계기로 좌파는 급진 과격, 우파는 온건 보수라는 개념이 생겨났다.

그 후 유럽의 다른 나라에서도 진보는 왼쪽에 보수는 오른쪽에 앉는 관습이 자리 잡았다. 지금의 유럽 의회(EU의회)에서도 공산당과 녹색당 등 진보 정당 출신 의원들은 왼쪽에, 그 밖에 보수 정당 출신 의원들은 오른쪽에 앉는다.

우리나라에서는 일제강점기에 사회주의 사상이 유입되면서 좌파와 우파의 개념이 살짝 변형되었다. 사회주의 혹은 공산주의 사상을 가진 사람을 좌파라고 부르게 된 것이다. 당시 공산당이 주로 과격한 방식의 혁명을 꾀했기 때문이었으리라.

그럼 고려 말의 상황을 오늘날 좌파와 우파에 한번 대입시켜 볼까? 공양왕 왼쪽에 앉은 정도전이 "고려의 모든 토지를 나라에서 몰수하여 농민들에게 머릿수대로 공평하게 나누어 주어야 합니다!"라고 고래고래 외치고, 오른쪽에 앉은 정몽주가 "아니 되옵니다. 토지 제도란 나라의 근간이므로, 점진적으로 개혁하여 시행하는 게 합당한 줄 아옵니다."라고 고집스레 자기주장을 펴고 있지 않을까?

오늘날 개념으로 보면, 정도전은 좌파 중에서도 극좌파, 정몽주는 온건 보수파 정도로 볼 수 있다. 그런데 고려 시대나 조선 시대에는 주로 임금에게 올리는 글인 상소로 각자 자신의 주장을 내세웠으니, 유럽의 의회처럼 큰 목소리로 다투는 일은 없었을지도 모르겠다.

1794년에 열린 프랑스 국민 공회에서 자코뱅파의 수장 로베스피에르가 동료 의원들에게 힐난받고 있다. 의장석에서 바라볼 때 오른쪽이 우파, 왼쪽이 좌파가 앉는 자리이다. 독일 화가 막스 아드아모의 1890년 작품이다. ⓒ독일 베를린 구 국립미술관

온건파 정몽주의 매서운 반격

정도전과 정몽주가 동지에서 적으로 갈라선 뒤, 두 사람은 어느 한쪽이 없어져야만 끝나는 게임을 시작했어. 승패를 결정짓는 결정적인 싸움은 1391년 가을, 고려가 망하기 약 일 년 전에 막이 올랐지.

지금부터 이성계를 앞세운 정도전과 조준 등을 혁명파, 이에 맞서는 정몽주와 이색 등을 온건파라고 부를게. 정도전과 정몽주는 매사에 팽팽하게 맞섰어. 두 사람은 상소를 올려 상대편을 관직에서 끌어내리는 데 혈안이 되었지.

혁명파의 최고 공격수는 두말할 것 없이 정도전이었어. 정도전의 머릿속은 온통 이런 생각으로 꽉 차 있었다고 해.

'보수파로 돌아선 이색과 정몽주가 있는 한 역성혁명은 불가능해.'

정도전은 먼저 자신의 스승이자 온건파의 우두머리인 이색을 공격했어. 그러자 온건파의 수문장 격인 정몽주도 정도전과 조준을 유배 보내라는 상소를 올렸지. 두 세력 간의 싸움은 정도전을 유배 보내는 데 성공한 온건파가 언뜻 승리하는 것처럼 보였어.

이성계는 뭐 하고 있었기에 두 사람만 싸우느냐고? 이성계는 백전백승의 무장이지만 의외로 마음이 약했어. 자신을 헐뜯는 사람에게 맞서기보단, 더러운 꼴이 보기 싫다며 그저 피해 다니려고만 했거든. 그래서 정도전이 앞장서서 온건파를 공격하다가 거센 반격을 받고 유배까지 가게 된 거야.

바로 이때, 정몽주에게 혁명파를 날려 버릴 결정적인 기회가 찾아왔어.

적의 불행은 나의 찬스, 혁명파를 제거하라!

1392년 봄, 돌발 상황이 벌어졌어. 명나라에 사신으로 다녀오는 세자를 마중 나갔던 이성계가 그만 말에서 떨어져 몸져눕게 된 거야.

'하늘이시여, 내게 이런 기회를 주시다니!'

정몽주는 지금이야말로 혁명파를 혁명적으로 제거하고 고려를 지킬 수 있는 절호의 기회라고 생각했어. 그래서 일단 혁명파인 조준과 남은을 유배 보내야 한다고 상소를 올렸지. 온건파와 혁명파 사이에

서 '이기는 편이 내 편'이란 생각으로 간을 보고 있던 공양왕은 두 말 없이 두 사람을 유배 보내 버렸어. 그때 정도전은 뭐 하고 있었냐고? 하필 지난가을에 유배를 당해 고향에 머무르고 있었지 뭐야.

하지만 여기서 만족할 정몽주가 아니었어. 발 빠르게 유배 간 조준과 남은 등을 처벌하고 정도전을 처형하라는 상소를 올렸지. 공양왕도 여기선 찔끔했어. 상황을 보아하니 온건파의 정몽주가 이길 것 같긴 한데, 그렇다고 군사를 좌지우지하는 이성계의 핵심 참모 세 사람을 한꺼번에 제거하는 건 도저히 겁이 나서 못 하겠는 거야. 나중에 화가 난 이성계가 군사를 앞세워 들이닥치면 어쩌라고?

공양왕이 우물쭈물하자 정몽주가 다시 상소를 올렸어.

정도전은 외할머니가 여종의 자식으로서 본래 태생이 천하고 족보도 알
수 없는 사람입니다.

그러면서 측근에게 유배 중인 정도전을 조사하는 척하면서 죽여 버
리라고 시켰어. 도덕의 으뜸이라고 불리던 정몽주가 한 짓이라고는
상상하기 힘든 일이었지.

개경에서 도착한 따끈한 소식을 전해 들은 정도전은 분노와 배신감
으로 치를 떨었어. 아무리 생각이 달라서 갈라서긴 했어도, 평생 곧은
뜻을 지키며 살아가자고 맹세했던 정몽주가 자신의 태생까지 들먹이
며 죽이려 했으니……. 그 심정이 어땠겠어?

아픈 몸을 이끌고 돌아온 이성계

그 무렵, 정몽주가 혁명파를 하나씩 제거하고 있다는 소식이 누군
가의 귀에 들어갔어. 그래, 그동안 이성계와 정도전의 활약에 가려 등
장이 뜸했던(?) 이방원이야. 이방원은 마침 돌아가신 어머니 산소를
지키고 있었는데, 그 소식을 듣자마자 곧바로 아버지에게 달려갔지.

"아버님, 지금 이렇게 한가하게 누워 계실 때가 아닙니다. 어서 개
경으로 돌아가셔야 합니다."

"허리를 다쳐서 꼼짝달싹도 못 하겠는데 어찌 간단 말이냐?"

이방원은 개경에서 벌어지고 있는 일의 심각성을 아버지에게 낱낱이 전했어. 이성계 역시 심상치 않다고 판단했는지 곧바로 아픈 몸을 일으켜 개경으로 달려갔지.

이성계가 막상 개경에 도착하고 보니, 상황은 생각보다 훨씬 더 심각했어. 작년에 유배 간 정도전은 그렇다 치고, 조준까지 유배를 당해서 믿고 있던 자신의 오른팔 왼팔이 다 잘려 나가고 없지 뭐야?

"포은이 나에게 이렇게까지……."

이성계는 말로 표현할 수 없을 정도로 마음이 착잡했어. 정몽주는 이성계가 황산대첩에서 왜구를 물리칠 때 함께한 데다, 위화도 회군 때만 해도 자신을 지지해 주던 친근한 인물이었으니까. 창왕을 몰아내는 데 뜻을 같이한 건 말할 것도 없지. 그래서 나중에라도 반드시 설득해서 함께 가야 할 사람으로 여기고 있었거든.

하지만 정몽주는 생각이 달랐어. 인간적으로는 이성계를 존경하지만, 그런 사소한 감정보다는 고려를 지켜야 한다는 대의명분이 훨씬 더 강했어. 특히 고려 왕조를 무너뜨리고 이성계를 왕으로 만들려는 정도전의 생각에는 도저히 동의할 수 없었지.

'마지막 돌을 어디에 둬야 혁명파와의 전쟁에서 승리할 수 있을까?'

이성계가 개경으로 돌아온 바로 그 시각, 정몽주는 이런 고민을 하다가 잠이 들었어.

선죽교에서 흘린 피

이제 조선으로 가는 마지막 비상구를 지나가야 할 시각이야. 연극으로 치면 클라이맥스로 치닫는 순간이랄까? 이 막의 주인공은 바로 정몽주와 이방원!

정몽주가 혁명파의 숨통을 끊기 위한 마지막 한 방을 고민하고 있을 때, 이방원은 정몽주의 반격에 어떻게 대응할지 한참을 고심했어. 혁명파의 브레인인 정도전은 유배 가 있고, 아버지는 말을 타다 떨어져 누워 있으니……. 음, 자신이 직접 나서는 수밖에!

이방원은 아버지에게 결연한 자세로 말했어.

"정몽주가 우리 집안을 망치려 합니다. 당장 제거해야 합니다."

이성계는 아들의 말을 듣자마자 언짢은 표정을 지었어.

"나와 포은의 관계를 알고도 그런 소리를 하느냐?"

이성계는 솔직히 속으로 은근히 두려웠을 거야. 만약 정몽주를 죽이고 왕위에 올라 봐. 백성들이 뭐라고 수군거리겠어? '저기 봐라, 고려의 충신을 죽이고 왕이 된 욕심쟁이 지나간다!' 이러면서 손가락질을 하지는 않을까? 아오, 절대로 그렇게 되고 싶지는 않았겠지.

이성계는 어떻게든 조정 대신들의 인정을 받고, 만백성의 마음을 얻은 후에 평화로운 방법으로 왕이 되고 싶었어. 하지만 이성계의 바람과 달리, 그 당시는 한 치 앞도 내다볼 수 없는 혼란스러운 시기였지. 게다가 자칫하면 정몽주의 칼에 모두 죽게 될지도 모르는 절체절명의 위기 상황!

아버지를 설득하는 데 실패한 이방원은 친척들을 모아 놓고 정몽주를 제거하려는 자신의 뜻을 전했어. 이 소식이 이성계의 귀에 들어가는 바람에 이방원은 다시 한 번 아버지한테 호된 꾸중을 들어야만 했지. 뭐, 그렇다고 징징 울면서 결심을 바꿀 만큼 마음 약한 이방원이 결코 아니었지만.

일생일대의 실수가 역사를 바꾸다

1392년 4월 4일, 정몽주는 이성계를 병문안하기 위해 홀로 집을 나섰어. 측근들은 위험하다며 가지 말라고 간곡하게 말렸지.

"이방원이 호시탐탐 나리의 목숨을 노리고 있습니다."

정몽주도 이방원이 자기를 노리고 있다는 것쯤은 알고 있었어. 하지만 쉽게 행동에 옮기지는 못할 거라고 여겼지. 마음 약한 이성계가 그렇게 하도록 놔둘 리 없을 테니까. 정몽주는 마음속으로 그런 허황된 믿음을 간직한 채 이성계의 집으로 향했어.

정몽주가 혼자 이성계의 집에 병문안을 간 건 그의 정치 인생에서 최대의 실수였어. 요동 정벌 때 최영이 직접 정벌에 나서지 않고 이성계에게 모든 걸 맡긴 것과 버금갈 만한 상황이었지.

사실 정몽주도 진심으로 병문안을 간 건 아닐 거야. 병문안은 어디까지나 핑계일 뿐이고, 개혁파의 상황을 알아보고 마지막 돌을 어디

에 둬야 할지 판단하기 위해서였겠지. 아무튼 정몽주의 갑작스런 방문에도 이성계는 평소와 다름없이 반갑게 맞아 주었어.

문제는 그다음이었어. 정몽주가 병문안을 마치고 이성계의 집을 나서려 할 때, 갑자기 이방원이 떡하니 막아선 거야.

"포은 쌤, 저 좀 잠깐 보시지요."

정몽주를 방으로 이끈 이방원은 시조를 한 수 읊었어. 남은 생을 즐겁게 보내자는 뜻을 담은 〈하여가〉야. 이방원의 시조에 정몽주는 곧장 그 유명한 〈단심가〉로 답했지. 고려에 충성하는 정몽주의 마음을 확인한 이방원은 마침내 결단을 내렸어.

여기서 잠깐!

이방원과 정몽주의 동상이몽, 〈하여가〉 vs. 〈단심가〉

이방원은 병문안을 왔다가 돌아가는 정몽주를 불러 대면하면서, 마음을 떠보고자 시를 한 수 읊는다. 바로 〈하여가〉이다. '이런들 어떠하리, 저런들 어떠하리 / 만수산 드렁칡이 얽어진들 그 어떠하리 / 우리도 이같이 얽어져서 백 년까지 누리리라.' 즉 고려가 망하든, 조선이 들어서든 그런 것 상관없이 칡덩굴처럼 한데 엉켜서 함께 잘살아 보자고 정몽주의 옆구리를 쿡 찔러 본 셈. 하지만 정몽주는 여기에 단호하게 선을 긋는다. 〈단심가〉로 답을 한 것이다. '이 몸이 죽고 죽어 일백 번 고쳐 죽어 / 백골이 진토되어 넋이라도 있고 없고 / 임 향한 일편단심이야 가실 줄이 있으랴.' 자신이 백 번 죽는다 한들, 고려에 대한 마음은 바꿀 수 없으리라고 대답한 것이다.

이방원이 농담 반 진담 반으로 찔러 보자, 정몽주는 '죽음'까지 내세워 단칼에 거절했으니……. 서로 돌아올 수 없는 길을 가게 된 셈이다. 시로 읊은 이방원과 정몽주의 대화는 역사적으로 한 획을 그은 결정적인 장면이면서, 동시에 〈하여가〉와 〈단심가〉는 문학적으로도 사대부의 심정을 잘 담아낸 고려 말 대표적인 시조로 일컬어진다.

선죽교에 쓰러진 고려의 마지막 충신

집으로 돌아가는 길, 정몽주는 작은 하천에 가로놓인 다리를 건너고 있었어. 그때 멀리서 급히 달리는 말발굽 소리가 들려왔지.

정몽주가 '혹시?' 하는 마음에 뒤를 돌아보려는 찰나, 시커멓고 뭉툭한 철퇴가 머리를 세차게 내리쳤어. 길고 길었던 고려 멸망 드라마가 막을 내리는 순간이었지.

철퇴를 내리친 사람은 조영규였지만, 그 사람 손에 철퇴를 쥐어 준 사람은 바로 이방원이야. 그날 이방원이 정몽주를 죽이지 않았다면 고려의 역사는 조금 더 연장되었을지도 몰라. 하지만 이방원에 의해 고려의 역사는 그렇게 덧없이 끝나 버렸고, 곧이어 조선의 역사가 새롭게 시작되었지.

"방원, 네 이노오옴!"

이방원이 정몽주를 죽였다는 소식을 들은 이성계는 불같이 화를 냈어. 아마도 마음이 무척이나 복잡했을 거야.

'정몽주가 혁명파의 최대 맞수인 건 확실하지만, 꼭 데리고 갈 사람이었는데……. 그래, 포은의 공격이 너무 아프긴 했어. 그래도 아들이 정몽주를 죽이겠다는 걸 차마 허락할 순 없었지. 그랬다간 엄청난 비난을 받을 테니까. 근데 벌써 죽여 버렸다고? 그렇게 제멋대로 죽여 버릴 거라면 나한테 말이나 하지 말든가! 하이고, 이 답답한 자식.'

정몽주가 죽자마자 유배 갔던 정도전과 조준이 개경으로 돌아왔어. 이제 상황이 확 뒤바뀌었지. 혁명파는 이번 기회를 절대로 놓쳐서

는 안 된다고 판단하고, 역성혁명에 반대하는 온건파를 모조리 유배
보냈어.

　온건파와 혁명파의 대결은 이렇게 혁명파의 승리로 끝이 났어. 정
도전이 기획하고, 이성계가 앞장서고, 이방원이 결정적인 역할을 한
조선 건국 프로젝트가 우여곡절 끝에 완성된 거야.

조선이 열리던 날

정몽주가 선죽교에서 허무하게 숨을 거두던 순간, 고려 역시 숨이 멈춘 거나 다름없었어. 고려를 지탱하던 마지막 기둥이 무너졌으니까. 이제 새로운 나라를 세울 일만 남은 셈이지. 이성계를 지지하는 혁명파 세력은 발 빠르게 움직였어.

1392년 7월 12일, 이성계 측의 관료 몇몇이 공양왕을 쫓아낸다는 문서를 들고 왕대비에게 달려갔어. 진즉에 모든 것을 포기하고 있던 왕대비는 순순히 문서에 도장을 찍었지. 신이 난 관료들은 나이가 많아 관직에서 물러난 사람들까지 불러 모아 어디론가 우르르 몰려갔어. 바로 이성계의 집이었지.

당대 최고 권력자인 이성계의 집에 커다란 구경거리가 있다는 소문
이 개경 바닥에 쫙 퍼졌어. 그런데 워낙에 드나드는 손님이 많아서 늘
활짝 열려 있던 대문이 그날따라 꽁꽁 잠겨 있지 뭐야. 마치 누가 올
건지 예상하고 있었다는 듯이.

앞다투어 몰려간 관료들은 옥새와 문서를 받들어 올리며 집 안에
대고 외쳤어.

"우리의 임금이 되어 주소서!"

비어 버린 닷새

신하들이 임금이 되어 달라고 간절히 외치는데도 대문은 좀처럼 열
리지 않았어. 그대로 닷새나 보내야 했지. 공양왕이 왕위에서 물러나
고 이성계는 아직 왕위에 오르지 않았으니, 닷새 동안은 고려도 조선
도 아닌 시간인 셈이야. 두두둥! 과연 이성계는 끝까지 왕위를 거
절했을까? 당연히 아니지. 뭐, 교과서를 포함한 온갖 역사책이 스포
(?)하고 있으니 물어보나 마나 한 말이지만.

결국 기다리다 지친 신하들이 사람을 시켜 큰 기둥을 하나 가져오
게 했어. 그러고선 대문을 부수었지. 배짱도 좋아, 나는 새도 떨어뜨
린다는 이성계 장군의 집 대문을 깨부수다니! 더 이상한 건 대문을 부
수는 동안에도 이성계가 사람들에게 전혀 화를 내지 않았다는 거야.

빠지직! 드디어 대문이 부서지고 신하들이 우르르 몰려 들어가 이

성계에게 옥새를 바쳤어.

"제발 옥새를 받아 주십시오!"

그러자 이성계는 왕이 될 자격이 없다며 극구 사양했지. 이걸 보며 어떤 백성들은 코웃음을 쳤지만, 어떤 백성들은 박수를 쳤어. 그래도 백성들 눈에는 적어도 이성계가 남의 자리를 힘으로 뺏으려는 사람으로 보이진 않았던 모양이야.

이성계가 고려의 마지막 왕?

드디어 이성계가 결심을 굳혔어. 만백성의 바람을 뿌리치지 못하고 결국 임금 자리에 오르기로 한 거지. 백성들이 두 눈으로 똑. 똑. 히. 보았는데, 이성계는 절대로 왕이 되고 싶어 하지 않았거든. 믿거나 말거나, 정말이야!

이성계는 야망의 화신으로 비춰질까 싶어서 걱정이 컸나 봐. 궁궐로 가는 내내 민망한 표정을 지으며 머쓱해했다지? 궁궐에 들어설 때도 가마에서 내려 얌전히 걸어서 들어갔다지 뭐야? 그렇지만 속으로는 쾌재를 불렀겠지.

"아자! 이제 천하는 내 거다. 고려의 주인은 이씨야!"

이성계는 신하들이 닷새나 기다리고 있던 곳에 도착했어. 모든 신하들이 고개를 조아리자 가슴이 벅차올랐지. 이윽고 정도전이 옆에

극적으로 평가가 뒤바뀐 두 인물, 정몽주와 정도전

정몽주는 지금까지도 '충신'의 아이콘으로 여겨진다. 기울어 가던 고려가 정몽주의 죽음과 함께 망했다는 것만 봐도 그 비중이 얼마나 컸는지 충분히 상상해 볼 수 있다. 그런데 신기하게도 고려에 충성을 다하다 죽은 정몽주가 조선 시대에 이르러서도 충신의 대명사로 불린다. 조선 건국에 반대하다가 죽었으면 곧 이름이 묻힐 만도 한데 어쩌다 그렇게 된 걸까? 가장 큰 이유는 조선이 유학의 나라였다는 데 있다. 즉 '충신은 두 임금을 섬기지 않는다.'는 걸 가장 큰 덕목으로 삼았던 것. 심지어 정몽주를 죽이라고 명령한 이방원은 나중에 왕이 되어서 정몽주에게 영의정 벼슬과 함께 '문충공'이라는 시호까지 내린다. 신하들에게 보이기 위해 정몽주를 끝까지 절개를 지킨 하나의 모범으로 삼은 셈이다. 사실 정몽주를 충신의 아이콘으로 만든 이유는 한 가지 더 있다. 이방원과 끝까지 대립하다가 죽은 정도전의 명성을 깎아 내리기 위해 의도적으로 이용했다고나 할까? 결국 조선 건국의 일등 공신이던 정도전은 역적 취급을 받고, 고려를 위해 죽은 정몽주는 충신 대접을 받게 된다. 정치란, 예나 지금이나 참 요상하기만 하다.

서 쪽지를 전해 주자 간신히 마음을 가다듬고 찬찬히 읽었어.

내가 참으로 건강이 좋지 않아 결국 여기에 끌려왔도다. 말을 탈 힘만 있었어도 멀리 달아나는 건데, 따흑…….

이성계는 정말로 왕이 되기 싫었던 걸까? 근데 말을 타지 못할 정도로 아프다면서 궁궐까지는 어떻게 걸어왔는지 몰라. 아무튼 그때의 발표문 내용은 이래.

왕은 말하노라. 하늘은 임금을 세워 백성을 다스리게 한다. 임금을 세우는 것은 백성을 위하라는 것이니, 임금이 이 길을 따르지 않으면 하늘의 뜻을 배반하는 것이다. 나는 여러 사람의 심정을 굽어 살펴 마지못해 왕위에 오르니, 나라 이름은 그대로 고려라 하고, 옷을 입는 관습이나 제사를 지내는 관습 등 여러 제도는 모두 고려의 것을 따르기로 한다.

그러니까 갑작스럽게 뭔가 바꾸지 않을 테니, 다들 걱정하지 말라는 소리야.

굿바이 고려, 웰컴 조선

이성계가 왕이 되자 새로운 나라를 반기는 사람과 고려가 사라진

것을 슬퍼하는 사람들로 나뉘었어. 개경의 권문세족과 왕족들은 하늘이 무너지는 것 같았을걸. 신진 사대부 중에서 정몽주를 따랐던 온건파들도 마찬가지였고. 반면에 혁명파는 두 팔 벌려 환영했어. 권문세족들에게 이를 갈던 백성들도 새로운 왕을 엄청 반겼지.

이성계는 새로운 성씨를 가진 고려의 왕이었어. 처음에는 공양왕에 이어 왕위만 새롭게 이을 것으로 생각했기 때문이기도 해. 하지만 앞서 말했듯 '새 술은 새 부대에 담아야 한다.'는 생각이 확고했어. 그래서 나라의 이름을 조선으로 바꾸기로 결정했지.

그래서 이성계는 우리 역사에서 고려 왕과 조선 왕을 동시에 해 본 유일한 인물이야. 이건 '조선'이라는 나라가 다른 왕조와 달리, 피를 흘리지 않고 세워졌다는 뜻이기도 해.

조선을 반대한 사람들

동서고금을 막론하고, 한 사람이 왕위를 찬탈하면 이전 왕을 지지하는 세력이 폐위된 왕 또는 그 후손을 내세워 반란을 일으키곤 했어. 역사는 돌고 도는 것이니만큼, 조선을 건국한 주축 세력인 혁명파도 고려로 되돌아가자는 움직임이 있을까 봐 걱정스러워했지.

그래서 혁명파는 고려를 잊지 못하는 사람들이 반란을 일으킬 수 있으니, 고려 왕족을 모두 죽여야 한다고 주장했어. 하지만 이성계는 공양왕과 왕씨 성을 가진 사람들을 멀리 유배 보내는 것으로 끝내고 싶어 했어. 백성들에게 잔인한 왕이라는 소리를 듣고 싶지 않았던 모양이야.

그렇지만 신하들이 가만있지 않았어.

"사백 년 이상 대대로 권세를 누리던 무리입니다. 반드시 고려를 다시 세우고자 할 것입니다. 왕씨들을 모두 없애야 합니다!"

"설마 그렇게까지 하려고? 유배 간 사람들이나 잘 감시하시게!"

이성계는 신하들의 말을 듣지 않았어. 그러자 신하들은 수십 차례의 상소문을 올려 이성계를 못살게 굴었어. 하도 끈질기게 주장하는 통에 임금으로서도 더 이상 고집을 부릴 수가 없었던가 봐.

"어쩔 수 없군. 강화도와 거제도로 나누어 유배 보낸 왕씨들을 모두 처형하도록 하라!"

절대로 피를 보지 않겠다던 이성계가 결국 무서운 명령을 내리고 말았어.

저는 왕씨가 아닌데요?

실제로 왕씨들의 처지가 어땠는지 궁금하지? 그래서 내가 뒤지고 뒤져 왕씨의 기록을 찾아냈어. 이걸 찾느라 얼마나 고생했는지 알아? 휴, 내가 마치 당사자가 된 듯 맛깔나게 읽어 줄 테니까 잘 들어 봐.

[일기처럼 남은 기록, 하나]

세상에! 공양왕께서 아드님과 함께 죽음을 맞이했단다. 이성계가 분명히 왕씨들을 살려 주겠다고 했는데 한 입으로 두말을 하다니!

이성계의 부하들이 우리 왕씨들을 모두 찾아내 죽여 버렸다. 남자는 애나 어른 가리지 않고 모두 강과 바다에 빠뜨렸으니, 미리 대비하지 않았다면 나 역시 죽었을지도 모른다.

그날 아침, 갑자기 문을 부수고 병사들이 들이닥쳤다. 나는 어딘지 모르는 곳으로 끌려갔다. 그곳에 있는 사람들은 한눈에 봐도 다들 왕씨 일가친척이었다. 우리는 나루터에 꿇어앉은 채 서로 모르는 척하면서 빠져나갈 궁리를 했다.

"저는 왕씨가 아닙니다요. 옥씨입니다. 여기 문서를 보십시오. 옥떨메! 왕떨메는 좀 이상하지 않습니까?"

"저는 전씨입니다. 누가 저를 오해했나 본데, 제 이름은 전봇대입니다. 저기 저 사람에게 물어보십시오."

나만 대비를 하고 있던 게 아니었다. 다들 임금 왕(王) 자에 점을 찍거나 지붕을 얹어, 성씨를 옥(玉)씨나 전(全)씨로 바꾸었던 것이다. 담당관은 난처한 듯 고개를 갸웃댔다. 그가 좀 멍청했던 게 얼마나 다행한 일인지……

"전씨, 옥씨 등은 모두 돌아가도 좋다. 다만 왕씨를 보거든 꼭 신고하도록!"

우리는 그날 밤 깊은 산속으로 허겁지겁 도망쳤다. 앞으로 영원히 옥씨로 살아가야 한다니……. 조상님이시여, 용서하소서.

나는 새 나라 조정에 나가지 않겠소

왕씨들이 이렇듯 허무하게 죽어 갔다니 무척 가슴이 아픈걸. 살아 있는 사람을 물에 빠뜨려 죽이다니, 정말로 잔인한 일이 아닐 수 없네. 애고애고~. 내 친구 중에 옥씨도 있고 전씨도 있는데, 혹시 조상이 왕씨가 아니었는지 알아보라고 해야겠는걸. 아, 도망친 왕씨들의 글을 찾다가 슬픈 기록을 하나 더 발견했지 뭐야. 한번 들어 봐.

[일기처럼 남은 기록, 둘]

나는 새로운 왕조를 거부한 고려의 충신이다. 나를 비롯해 수많은 고려의 신하들이 새 나라에서 내리는 관직을 거부하고 광덕산 깊은 산골에 들어가 모여 살고 있다. 그러고 보니 우리가 이곳에 오고 나서 꽤 많은 시간이 흘렀다. 관직을 거부한다는 뜻으로 산 어귀에 걸어 둔 고려 관복들이 벌써 낡을 대로 낡았으니까.

우리는 마을의 경계를 표시하는 사립문 밖으로 절대 나가지 않는다. 이성계 일당들이 관직을 줄 테니 일을 해 달라고 아무리 애원해도 들은 척하지 않기로 결심했기 때문이다.

그나저나 아까부터 타는 냄새가 난다. 요즘 비가 뜸하더니 산불이라도 났나?

"불이다, 불이야! 이성계가 보낸 자들이 우리 마을 주위에 짚을 쌓고 불을 질렀다!"

"아니, 이렇게 잔인한 짓을? 모두 태워 죽일 작정이란 말인가!"

처음에는 다들 우왕좌왕했다. 하지만 이내 침착함을 되찾았다.

"의도는 뻔합니다. '이렇게 불을 질러도 너희가 나오지 않을 테냐?' 이런 것이겠죠. 우리, 흔들리지 말고 끝까지 버팁시다."

"맞습니다. 우리는 고려의 신하입니다. 끝까지 고려 사람으로 남읍시다."

두문불출이 어쩌다 생겨났다고?

이게 끝이냐고? 이 사람은 결국 불에 타서 죽고 말았나 봐. 이것 말고는 기록이 전혀 남아 있지 않네. 그나저나 마을 전체가 불에 탔는데도 기록이 어떻게 남아 있는지 몰라. 어쨌든 이 마을은 그 뒤로 두문동이라고 불렸어.

갑자기 웬 두문동이냐고? 두문동은 실제 황해북도 개풍군의 광덕

산 북쪽에 존재하는 마을이야. 원래 이름은 두문동이 아니었는데, 옛 중국에서 전해진 고사성어 중에 '두문불출'이란 말에서 따온 거래.

두문불출이란, '문을 닫아걸고 밖으로 나오지 않는다.'는 뜻이야. 사람들은 고려의 충신들이 문을 닫아걸고 나오지 않은 행동이 이 말과 딱 들어맞는다고 해서, 그때부터 불에 탄 그 마을을 두문동이라고 부르게 되었지.

불을 지르면 어쩔 수 없이 마을에서 사람들이 튀어나올 줄 알았는데, 모두 그대로 불에 타 죽었다니……. 불을 지른 사람이 더 놀라지 않았을까 싶어.

왕씨들을 물에 빠뜨려 죽인 일이나, 두문동에 불을 질러 선비들을 태워 죽인 일이나, 참 슬픈 역사인 거 같아. 어쩌면 이성계도 새로운 나라인 조선을 세우는 과정에서 가장 부끄러운 일이라고 생각하지 않았을까?

아무튼 지은 죄가 많아서 그랬는지 몰라도, 이성계는 피로 얼룩진 개경에서 벗어나 새로운 곳으로 근거지를 옮기고 싶어 했어. 여기에도 새로 담근 술은 새 통에 담아야 한다는 말이 적용되었지. 하긴 뭐, 새 나라를 옛 수도에서 그대로 이어 나갔다간 무슨 불미스러운 일이 또 생길지 모르니까.

조선의 설계자, 정도전

왕씨들을 죄다 죽이고 고려 선비들을 불태운 두문동 사건이 일어나는 동안, 갖은 업무를 처리하느라 엉덩이 붙일 새도 없이 바쁜 사람이 있었어. 바로 조선 건국의 주역이자 이성계의 브레인 역할을 맡은 정도전이야. 태조 이성계가 새롭게 태어난 조선의 운영을 정도전에게 몽땅 맡겨 버리는 바람에 눈코 뜰 새 없었던 거지.

군사를 지휘하고, 세금을 걷고,

부대 열중쉬어!

군사 정비

돈 계산은 알파봇 네가 좀 해라.

행정·재정 정비

관리를 임명하고, 관청별로 일을 나누어 주는 등 중요한 업무는 모두 직접 처리했거든.

지금으로 치면 국방부 장관, 기획재정부 장관, 행정자치부 장관을 한 명이 도맡아 한 셈이지. 그래서 굵직한 관직만 다섯 개가 넘었다나?

놀랍게도 정도전은 그렇게 많은 일을 처리하면서도 매일 밤 글을 쓰고 연구를 했어. 날마다 병사들을 데리고 훈련을 시키더니 싸우는 법에 관한 책을 쓰고, 세금을 어떻게 거두어서 어디에 쓸지를 연구해서 그대로 시행했지.

뿐만 아니라 조선을 세운 건 하늘의 뜻이라는 사실을 널리 알리고자 음악을 만드는가 하면, 고려가 망하게 된 까닭과 조선을 세울 수밖에 없었던 이유를 주장하고자 고려의 역사를 다룬《고려사》를 썼어.

그리고 무엇보다 정치·경제·군사 등 모든 분야에 걸쳐 조선을 어떻게 운영해야 하는지 그 길을 제시하는 책을 집필했지. 그 책이 바로《조선경국전》이야. 이 저서는 나중에 조선의 기본 법전인《경국대전》의 토

고려 out! 조선 칰오!

문화·교육 정비

백성은 나라의 근본이다.

법정비

대가 되었어.

어마어마하지? 한 사람이 어떻게 그렇듯 많은 일을 할 수 있었는지, 요즘 학자들도 고개를 절레절레 흔들며 신기해한다고들 해. 그중에서도 가장 높이 평가받는 건, 조선이라는 나라가 나아갈 방향을 '백성들을 위한 나라'로 잡았다는 거야. 어떤 건지 알아볼까?

정도전의 성리학 강의, 조선은 어떤 나라일까?

• 민본

백성은 나라의 근본임과 동시에 임금의 하늘이다. 임금은 백성을 하늘처럼 귀하게 여기는 마음으로 나라를 다스려야 한다.

• 관리의 자세

남이 만든 음식을 먹는 자는 그 사람을 책임져야 하며, 남이 만든 옷을 입는 자는 그 근심을 같이 져야 한다. 그러므로 백성들의 세금으로 먹고사는 관리는 마땅히 백성을 책임져야 한다.

• 나라 이름

옛날 고조선의 전통을 계승해 나라 이름을 '조선'이라고 한다. 우리는 중국만큼이나 오래된 단군 조선의 전통을 이어받는다는 의미로 나라 이름을 조선이라고 정한다.

• 정치 : 재상 중심

임금이 신하만 못하면 신하에게 나라를 다스리는 권한을 맡기는 것이 좋다. 임금은 상징적인 존재로 남고 실질적으로 재상이 나라를 다스려야 나라가 올바르게 굴러갈 수 있다.

조선의 이름은 어떻게 정해졌을까?

조선을 건국한 이성계와 신하들은 나라를 새로 열면서 이름을 정해야 했는데, 고심 끝에 선택지를 '조선'과 '화령' 두 개로 좁혔다. 조선은 우리나라 최초의 국가인 단군 조선과 위만 조선에서 이름을 딴 것이고, 화령은 오늘날 영흥에 해당하는 이성계의 고향 이름이었다. 고조선은 처음에 우리 민족의 시조인 단군이 세웠는데, 나중에 중국 땅에서 밀려들어 온 유민인 위만이 고조선의 왕위를 찬탈하고 왕위에 올랐다. 같은 고조선이지만 이 시기부터 위만 조선이라고 부른다. 물론 이성계와 신하들은 조상의 명맥을 잇는다는 의미를 담고 있는 단군 조선을 염두에 두고 있었음이 분명하다. 아무튼 이성계는 단군 조선과 위만 조선을 통칭한 '조선'이라는 이름과 자신의 고향인 '화령'이라는 이름, 두 개를 뽑아 명나라에 사신을 보낸 뒤 나라 이름을 골라 달라고 요청했다. 두루뭉술하게 '조선'을 선택지에 넣으면서 명나라가 미끼를 물기를 기다렸다고나 할까? 아니나 다를까, 명나라는 '조선'이라는 이름이 중국 유민이 세운 위만 조선을 가리키는 줄 알고 흔쾌히 골랐다고 한다. 오백 년 넘게 유지된 조선이라는 나라의 이름은 이런 우여곡절 끝에 정해지게 되었다.

- 사상 : 숭유억불

유교를 숭상하고 불교를 억제한다. 고려는 불교를 숭상하여 사찰들의 탐
욕과 부패가 도를 넘었다. 따라서 조선은 불교를 배척하고 유교 정신을 받
들도록 한다.

- 외교 : 사대교린

큰 나라 중국을 섬기고 여진, 일본 등의 이웃과는 친하게 지낸다. 나라를
지키기 위해서는 강대국에게 몸을 낮추고 주변국하고는 협력과 교류를 하
는 외교 방식을 택한다.

성리학의 나라를 꿈꾸며

정도전이 생각하는 올바른 정치는 백성들의 마음을 잘 살피는 거였
어. 그럼 백성들이 자연스럽게 임금과 관리들을 따르고, 나라가 평화
롭게 굴러갈 거라고 믿었지. 이것이 유교, 그중에서도 성리학의 핵심
이야.

또 정도전은 재상이 중심이 되는 나라를 꿈꿨어. 임금은 아버지에
서 아들로 핏줄을 따라 이어지니까, 때에 따라서는 현명한 사람이 왕
이 될 수도 있지만 동시에 멍청한 사람이 왕이 될 가능성도 있었지.
그러니 과거 시험으로 뽑은 똑똑한 재상이 중심이 되어서 나라를 운
영하면, 임금이 현명하든 멍청하든 상관없이 나라가 부강해질 거라고

믿었던 거야.

조선이 추구하는 외교 관계는 사대교린이야. 힘이 센 명나라에 맞서지 않고, 주변의 작은 나라와는 두루두루 사이좋게 지내서 전쟁을 피하고자 한 것이지.

그 외에 정도전은 숭유억불 정책을 펼쳤어. 고려 말에 불교가 저지른 잘못이 커서 폐단을 막으려 한 측면도 있지만, 유학자였던 정도전은 조선이 인·의·예·지·신을 배우고 실천하는 유교 국가가 되기를 바랐던 거야.

새 나라 조선에 대한 정도전의 이런 생각들은 훗날 조선의 법전인 《경국대전》에 고스란히 반영되었어. 그게 무슨 말이냐고? 음, 조선이 오백 년이란 긴 세월을 지속하는 동안, 정도전의 생각이 조선의 기준으로 작용했다는 뜻이야.

우아, 한 사람의 생각이 오백 년이나 유지된 한 나라 역사의 기틀이 되었다니……, 정도전이야말로 조선을 세운 주인공이라고 부를 만하지 않아?

힘만으로 나라를 세울 수 있는 건 아니다?
… 새 나라의 기본 원칙, 건국 이념 …

역사를 가만히 들여다보면, 나라를 세울 때 모든 일이 너무나 쉽게 진행되는 것 같은 느낌이 들기도 한다. 반대파를 평정할 군사력과 적당한 인기만 있으면 나라를 세우는 데 아무 문제가 없어 보인다고나 할까?

하지만 아무리 빵빵한 군사력과 백성들의 지지가 뒷받침된다고 해도, '건국 이념'이 없으면 설령 나라를 세운다고 해도 결코 오래 지탱하지는 못한다.

건국 이념이란, 나라를 세울 때 가장 중요하게 생각하는 가치를 말한다. 모든 나라에는 각각의 건국 이념이 있고, 그것에 따라서 나라의 기틀을 마련하고 운영 방향을 결정짓는다고 할 수 있다.

《삼국사기》등 옛 역사책의 기록에 따르면, 우리나라의 시조라고 할 수 있는 고조선은 기원전 2333년 10월 3일에 세워졌다. 이렇게 옛날 옛적에 세워진 나라에도 엄연히 건국 이념이 있었다! 바로 '홍익인간(弘益人間)'이다. 홍익인간은 널리 인간을 이롭게 한다는 뜻으로, 고조선은 모든 법과 나라의 정책이 인간을 이롭게 하는 방향으로 정해지고 운영되었다는 사실을 알 수 있다.

고구려를 계승했다고 자처했던 고려의 경우, 태조 왕건의 '훈요 10조'

에서 건국 이념을 찾아볼 수 있다. 태조 왕건은 후삼국 시절을 평정하면서, 열 가지 조항을 만들어 고려를 다스리는 강령이자 후손들이 쭉 지켜야 할 이념으로서 널리 퍼트렸다. 짧게 요약하자면 '숭불과 북진' 정책이다.

'숭불'이란 불교를 숭상한다는 의미이다. 왕건은 백성들을 통합하기 위해 불교를 내세웠다. 정치적으로는 유교의 원리를 따랐지만, 종교적으로는 부처님의 가르침에 따라 백성들의 마음을 한곳으로 모으고자 했던 것이다. 그 덕분에 전국 곳곳에 사찰이 우후죽순으로 생겨났고, 과거 시험에 승려를 뽑는 승과까지 신설되어 불교가 매우 성행했다.

'북진'이란 북쪽으로 나아간다는 뜻이다. 고려는 압록강 북쪽에 출몰하는 거란족을 적으로 여겨 늘 경계했다. 게다가 같은 민족이 세운 나라인 발해를 멸망시켰으니, 고려 입장에서는 거란족이 형제를

고려 시대에 만들어진 호신불상. 높이 4센티미터의 작은 함을 열면 관세음보살이 들어 있다. 불교를 숭상하던 고려 시대 사람들은 불상을 부적처럼 직접 가지고 다니기도 했다. ⓒ국립중앙박물관

공격한 적일 수밖에 없었다. 왕건은 요동 지역을 언젠가는 꼭 수복해야 할 우리 땅이라고 여겼고, 군사적으로 힘을 키워 항상 대비하라고 당부했다.

조선의 건국 이념 세 가지

조선은 건국 이념이 무엇일까? 사실 최고의 군사력을 확보하고 있는 이성계가 힘으로 반대파를 싹 몰아내고, 왕위에 바로 올라앉는 게 가장 빠른 방법이었을 것이다. 하지만 이성계와 그의 동료들은 차근차근 명분을 쌓고 민심을 달래 가며 시간과 공을 들여 새 나라를 건국했다. 왜 그랬을까? 조선은 유교의 가르침을 건국 이념으로 삼았는데, 유교에서는 정당한 명분을 무엇보다 중요하게 여겼기 때문이다!

조선의 건국 이념은 정도전과 뜻을 함께한 신진 사대부들의 머리에서 나왔다. (무장 출신 이성계가 학문이 부족해서가 아니라, 나라를 세우는 과정에서 역할을 분담했다고 이해하는 편이 좋겠다.) 그들이 가장 중요한 세 가지로 꼽은 것은 숭유배불과 사대교린, 농본민생이다.

'숭유배불'이란 유교를 받들고 불교를 배척한다는 뜻으로, 조선의 정체성을 알 수 있는 가장 중요한 이념이다. 그런데 왜 갑자기 불교를 멀리하게 되었을까? 신진 사대부는 고려 말에 부패한 사찰들이 대농장을 경영하며 농민들을 핍박하고, 엄청난 세금이 드는 불교 행사를 자주 열어 나라 살림을 어렵게 만드는 등 폐해가 컸다는 걸 누구보다 잘 알고 있었다. 따라서 조선 시대 내내 불교를 억제하는 정책을 펼쳤고, 대부분의 사찰들은 마을을 떠나 인적이 드문 곳으로 자리를 옮기게 되었다.

반면에 조선은 유교의 가르침에 따라 늘 백성을 근본으로 삼고 덕으로 나라를 다스려야 한다고 여겼다. 이는 임금도 예외가 아니어서, 유교의 가르침에서 벗어난 행동을 하면 언제든 쫓겨날(?) 수 있었다. 이렇게 건국 이념으로 유교가 채택되자, 이에 맞춰 법과 정치 체제, 과거 제도, 신분 제도,

교육, 의례 등 모든 것이 정비되었다.

'사대교린'은 실질적인 이득을 위해 강대국인 명나라의 지위를 인정하는 외교 관계를 취하고, 여진이나 왜와 같은 주변국과는 우호적인 교류를 통해 평화를 유지하자는 외교 정책이다. 사대교린의 이념에 따라 조선은 오백 년 넘게 주변 나라와 우호적인 자세로 교류하게 된다.

마지막 농본주의 역시 첫 번째 숭유 이념, 그러니까 유교의 가르침과 맞닿아 있는 경제 정책이라고 할 수 있다. 농사를 장려하여 백성들이 먹고사는 데 부족함이 없게 만든다는 것! 따라서 조정의 모든 정책은 농경지를 늘리고 농사 기술을 발달시키는 데 집중되었다. 지방 수령의 가장 중요한 임무 역시 고을 백성들의 농사일 관리와 농업 생산량 증대였다.

오천 년을 관통하는 건국 이념의 중심, 백성

사실 고조선부터 고려, 조선에 이르기까지 건국 이념을 살펴보면 그 중심에는 늘 백성이 있었다는 사실을 알 수 있다. 널리 백성을 이롭게 하고 (고조선), 백성들의 마음을 얻기 위해 너그러운 정치를 해야 하며(고려), 백성을 근본으로 여기는 도덕적 정치를 해야 한다(조선)고 했으니까 말이다.

모두 잘 알다시피, 대한민국의 건국 이념은 '민주주의'다. 민주주의란 모든 주권이 국민에게 있다는 뜻이다. 건국 이념이 실제로 잘 지켜졌는지 여부를 떠나서, 그 안에 담고 있는 정신을 살펴보았을 때 고조선부터 내려온 가치가 지금까지 계속되고 있다고 볼 수 있지 않을까?

나라의 주인을 바꾼 혁명
··· 역성혁명의 세계사 ···

왕조 국가에서는 대부분 왕이라는 신분이 부모에서 자식으로 대물림된다. 이렇게 세습되는 왕족의 성씨가 아닌, 다른 성씨의 사람이 왕이 되어 새 나라를 세우는 걸 '역성(易姓, 성이 뒤바뀌다)혁명'이라고 한다. 앞에서 알아본 것처럼, 고려가 멸망하고 조선이 세워지는 경우를 말한다. 그럼 역성혁명의 사례가 조선에만 있었던 걸까?

유교의 사상을 대표하는 정치가이자 철학자인 맹자는 '왕이란 하늘의 명에 따라 유지되고, 하늘의 명은 백성들의 마음을 따른다.'고 했다. 그러니까 백성들의 마음을 거스르는 왕은 얼마든지 자리에서 내려오게 될 수 있다는 뜻이다. 물론 하늘의 뜻을 거스른 폭군일 경우만 해당되는데, 역성혁명 사상을 주장한 맹자는 그 예를 고대 중국에서 찾았다.

중국 최초의 왕조로 불리는 하나라(기원전 20세기~기원전 15세기 무렵으로 추정)의 걸왕은 국정을 내팽개친 폭군이었다. 이에 탕왕이 하나라를 토벌하고 상나라(기원전 15세기~기원전 11세기)를 세운다. 이후 상나라의 마지막 왕인 주왕 역시 향락에 빠져 백성들을 굶주림에 빠뜨리자, 무왕이 이를 뒤집어엎고 주나라(기원전 1046~기원전 256)를 세운다. 이처럼 맹자는 왕이 왕답지 못할 때 새로운 왕조를 세울 수 있다고 주장했다.

동아시아의 역성혁명과 유럽의 사회 계약설

　서양에도 비슷한 사상이 있다. 바로 '사회 계약설'이다. 사회 계약설은 영국의 철학자인 홉스와 로크를 거쳐 프랑스의 사상가 루소로 이어진다. 홉스는 인간이란 불완전한 존재이기에 국가의 보호를 받는 대신, 일체의 권력을 맡기는 식의 상호 계약을 맺는다는 이론을 처음 주장했다. 나아가 로크는 자연 상태에서 인간은 모두 평등하며, 생명과 재산, 자유라는 자연권을 누릴 권리가 있고, 자연권을 보다 확실히 누리기 위해 계약을 맺고 나라를 세운다는 이론으로 발전시켰다.

　루소는 사회 계약론을 완성시켰다고 일컬어지는데, '모든 주권은 국민에게 있고, 나라의 행정 기구는 주권에 종속된 기관일 뿐.'이라고 주장해서 왕과 귀족들의 횡포에 시달리던 유럽 사람들의 가슴에 불을 지폈다. 그 결과 프랑스 대혁명(1789~1799)이 발발해 프랑스 왕정이 무너지고 정치·사회적으로 큰 변화가 일어나게 된다.

　유럽에서 발전한 사회 계약설 역시 나라의 권력이 백성들의 안전을 위협하는 경우, 시민들이 나서 혁명을 일으켜야 한다는 게 핵심 주장이었다. 그러고 보면 시간 차이는 있지만, 사상의 핵심은 맹자의 역성혁명과 비슷하다고 할 수 있겠다.

〈절정에 달한 프랑스 대혁명〉. 프랑스 혁명의 결과로 루이 16세가 처형되는 장면을 그린 풍자화이다. 루이 16세는 시민들에 의해 감옥에 갇히자 자신의 왕국을 무너트린 사람이 루소라며 이를 바득바득 갈았다고 한다. 영국 화가 제임스 길레이의 1793년 작품. ⓒ미국 메트로폴리탄미술관

중국 사람 in 한양

음, 한마디로 조선 오백 년 역사가 정도전의 머릿속에서 시작되었던 거로군. 한 마을도 힘들 텐데, 심지어 한 나라의 밑그림을 그리다니, 정말로 대단한 일을 해냈다는 생각이 들어.

그런데 알파봇 녀석이 왜 안 보이지? 어라, 내가 잠깐 멍 때리고 있는 사이에 갑자기 조선에는 왜 가 있는 거야? 아, 맞다. 내가 조선의 관리로 변장하고 한양에 대해 알아보라고 했지?

뭐? 중국어를 잘한다는 이유로 오늘 하루 종일 중국 사신을 안내하는 역할을 맡았다고? 변장한 거 티 나니까 조선에 가면 너무 나대지 말라고 내가 그렇게 주의를 줬건만…….

그래도 조선을 건국한 주인공을 밝혀내려면 한양 곳곳을 둘러보는 게 나쁘지는 않아. 그러니까 어디로 내뺄 궁리만 하지 말고 진짜 원접사(중국 사신을 맞이하던 임시 벼슬아치)처럼 잘 소개해 봐. 정나미 뚝뚝 떨어지는 기계식 해설 말고, 엄청 인간적으로 설명해야 한다는 거 잘 알지?

저기 중국 사신이 널 기다리잖아. 빨리 뛰어!

조선의 새로운 도읍, 한양

어이구, 내가 미쳐. 중국 인공 지능이랑 바둑이나 한 판 두려고 중국어 프로그램을 깔아 놓았던 건데, 갑자기 중국 사신을 안내하라니! 에휴, 빨리빨리 끝내고 돌아가야지.

에헴. 안녕하세요, 명나라에서 온 사신님! 조선의 도읍 한양에 오신 걸 환영합니다! 지금부터 제가 한양을 소개해 드릴게요. 한양의 공식 명칭은 '한성부'입니다. 우리 임금님이 왕위에 오르고 나서 얼마 있다가 수도를 옮기기로 마음먹었어요. 고려 시대 수도였던 개경에는 옛 나라 고려를 지지하는 세력이 많이 남아 있어서 영 불편했거든요.

그래서 신하들에게 이사 갈 곳을 알아보라고 시켰어요. 신하들은 서로 여기가 좋다는 둥 저기가 좋다는 둥 하면서 옥신각신했지요. 그렇게 경기도, 충청도 등등 여러 곳을 알아보다가 마침내 여기, 한양으로 결정했답니다.

한양이 선택된 이유는 동쪽으로 낙산, 남쪽으로 남산, 서쪽으로 인왕산, 북쪽으로 북악산, 이렇게 큰 산 네 개가 둘러싸고 있어서 외적의 침략을 방어하기에 좋기 때문이에요.

또 한강이 흐르고 있어서 교통도 편리하지요. 전국에서 거둬들인 세금을 보통 배로 실어 나르는데, 큰 강을 끼고 있다는 건 엄청난 이점 아니겠어요? 그리고 근처에 드넓은 평야가 있어 물산이 풍족한 것도 한양을 도읍으로 정한 이유 중 하나예요. 정말 보기 드물게 엄청난 장점들을 갖춘 곳이죠. 사신님이 보시기에도 그렇지 않나요?

우리 임금님은 이곳에 도읍을 정하자마자 정도전에게 도시 건설을 전적으로 맡겼어요. 정도전은 유학자답게 실용적이고 계획적으로 설계한 뒤 공사에 착수했지요. 그래서 한양 곳곳에 유교 이념이 빼곡히 담겨 있답니다.

자, 그렇게 해서 완성된 도시가 어떤 모습인지 함께 거닐며 살펴보도록 해요.

영원히 복을 누리다, 경복궁

먼저, 한 나라의 중심이라 할 수 있는 곳, 바로 궁궐입니다. 짜잔!

중국 사신

잠깐만, 잠깐만요, 안내자 양반. 좀 천천히 갑시다. 그나저나 여기가 임금이 사는 궁궐이라고요? 하아……, 너무 작은 거 아니요? 우리 명나라 궁궐의 부속 건물 중 하나만 한 크기인데?

그렇게 말씀하실 줄 알았어요. 큰 거 좋아하고 번쩍번쩍한 거 좋아하시죠? 노, 노! 새 나라 조선에서는 궁궐을 거창하게 세워 백성들을 힘들게 하기보다는 검소하고 단정하게 지어서 모든 사람이 편안해지는 걸 목표로 삼았답니다.

궁궐을 누가 짓습니까? 백성들이잖아요. 궁궐이 너무너무 거대해서, 지어도 지어도 끝이 없으면 백성들이 얼마나 고통스럽겠어요? 궁궐을 필요한 용도에 맞추어 적당한 크기로 짓는다는 건 백성을 사랑하는 마음이 지극하다는 뜻이지요. 그게 바로 유교에서 말하는 '민본'을 실행에 옮기는 방법이기도 하고요.

중국 사신

알겠소, 알겠소. 거, 중국어는 유창한데 말이 참 많구먼. 그건 그렇고, 저기 궁궐 위쪽에 경복궁이란 글자가 보이는구려. '경복'이란 유교의 정신을 담은 시를 모은 책, 《시경》에 나오는 말인데…….

맞아요. 태조 임금님이 새로 지은 궁궐을 보고 흡족한 나머지, 정도전에게 이름을 지어 바치라고 했대요. 그러자 즉석에서 이름을 지어

올렸다고 해요. 경복은 '영원히 복을 누리라'는 뜻이에요.

정도전 이름이 중국에까지 알려질 정도로 유명하더니만, 역시 이름값을 제대로 하는구먼. 새 궁궐에 이리도 잘 어울리는 이름을 짓다니!

중국 사신

한양의 핫 플레이스, 관청가와 시장통

자, 궁궐을 대충 둘러봤으면 큰길로 나가도록 해요.

그 양반도 참, 서두르기는. 저기, 궁궐 문 양옆으로 길게 늘어선 건물은 뭐요?

중국 사신

조선의 관청에는 궐내각사와 궐외각사가 있어요. 이, 호, 예, 병, 형, 공조를 일컫는 육조, 그리고 의정부와 사헌부 등 백성들을 다스리는 데 관련된 행정 관청은 궐 밖에 둬서 '궐외각사'이고요, 홍문관이나 예문관, 승정원처럼 임금님을 가까운 곳에서 보좌하는 기관은 궐 안에 두어 '궐내각사'라고 부르지요.

저건 육조 관청과 사헌부 등의 관청들이 입주한 궐외각사 건물이에요. 육조 관청이 있다고 해서 양쪽 건물 사이에 놓인 이 길을 '육조 거리'라고 부르지요.

중국 사신

육조 거리 끝에서 꺾어지니 또 엄청나게 긴 건물이 있구 먼. 저긴 또 뭐요?

저 건물은 시전 행랑입니다. 모두 이천 칸이 넘는데, 상인들이 장사를 하도록 가게로 빌려주고 있어요. 이렇게 가게들이 죽 늘어선 큰길을 '운종가'라고 부른답니다. 사람과 재물이 구름처럼 모였다 흩어졌다 한다는 뜻이에요. 한양에 온 사람이면 누구나 꼭 들러야 하는 '핫 플레이스'지요.

운종가 뒤로 나란히 나 있는 길 보이시죠? 폭이 좁은 이 길을 피맛길이라고 불러요. '피마(避馬)'는 말을 피한다는 뜻이에요. 이런 이름이 붙은 데는 이유가 다 있어요.

운종가는 한양의 중심가라 말을 탄 관리들이 수시로 지나다녀요. 그러다 보니 백성들은 지체 높은 양반이 지나갈 때마다 땅바닥에 엎드려 절을 해야 하지요. 궁궐이 바로 앞이다 보니 어디 양반들이 한두 명만 오가겠어요? 계속해서 허리를 굽혀야 하는 백성들 입장에서는 지나다니기가 영 껄끄러울 수밖에 없었답니다.

이때 만능 해결사 정도전이 양반의 행차를 피해 백성들이 편안히 다닐 수 있는 길을 따로 만든 거예요. 이거야말로 진짜 백성을 염두에 둔 설계 아닌가요?

자, 이번에는 남쪽으로!

사대문과 보신각

중국 사신

가만히 살펴보니, 한양을 둘러싸고 동서남북에 출입문이
있구려?

잘 보셨어요! 한양의 설계자는 동서남북의 큰 산 옆으로 성벽을 쌓
아 한양을 빙 둘러쌌어요. 외적으로부터 도읍을 방어하기 위해서지
요. 그 벽을 도성이라고 하는데, 도성 안과 밖이 통할 수 있도록 네 개
의 큰 문과 네 개의 작은 문을 만들었어요.

그중 숭례문, 돈의문, 흥인문, 숙정문, 이 네 개 문이 바로 한양을 드
나들 때 통과해야 하는 사대문이에요. 유교의 인·의·예·지·신, 이 다
섯 가지 이념을 담아 이름을 붙였다지요.

중국 사신

인, 의……. 숙정문의 정(靖)은 지혜롭다는 뜻이니 지(智)에
해당할 테고, 그럼 신은 대체 어디 있소?

'믿을 신(信)'은 사대문 안에 있는 누각의 이름에 붙어 있어요. '보신
각'이라고 들어 보셨는지 모르겠네요. 갑자기 웬 누각이냐고요? 보신
각은 성문을 열고 닫는 시각을 알려 주기 위해 커다란 종을 매달아 놓
은 곳이에요.

어르신은 모르겠지만 앞으로 수백 년 뒤에도 이 땅의 사람들은 해

가 바뀔 때마다 보신각에서 서른세 번 종을 치는 행사를 하게 된답니다. 미래를 어찌 아냐고는 묻지 마시고, 아무튼 그리 될 거라는 것만 알아 두세요.

중국 사신

묻지 말라니 묻지는 않겠소만, 믿거나 말거나 한번 던져보는 건 나도 하겠소. 어쨌든 두루 살펴보니 한양 구석구석에 유교를 실천하고 백성을 사랑하는 마음이 미치지 않는 곳이 없군요. 이제 조금 무서울 지경이오. 정말 대단합니다! 구경 한번 잘했소.

구경을 잘하셨다니 다행이네요. 중국에 돌아가서서도 한양이 얼마나 훌륭한지 소문 많이 내 주세요!

알파봇, 수고했어. 네 덕에 조선 시대 한양 구경 한번 잘했다. 곳곳에 그런 뜻이 숨어 있었다니, 어려운 거 같으면서도 재미있네. 그럼 겉을 둘러봤으니 다음엔 속을 볼 차례군!

근데……, 한양 안 어디선가 부글부글 끓는 소리가 들리는 거 같은데?

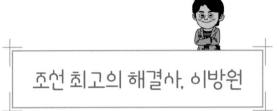

조선 최고의 해결사, 이방원

　도읍이 정해지고 난 뒤로 모든 것이 차근차근 제자리를 잡아 갔어. 그런데 이런 상황이 몹시 불만스러운 사람이 있었어. 누구냐고? 누구긴 누구야? 바로 이성계의 다섯 번째 아들 이방원이지.

　이방원으로 말할 것 같으면 당대 최고의 엄친아라고 할 수 있어. 커다란 권세를 누리던 이성계 집안에서 최초로 과거 시험에 합격했으니 학문의 깊이도 상당해, 어려서부터 아버지를 따라 전장을 마음껏 누볐으니 무술 실력도 대단해, 조선을 건국할 때 세운 공이 어마어마하니 업적도 훌륭해……. 비록 아버지 이성계와 재상 격인 정도전에 밀려 그간 분량을 제대로 못 챙겼지만, 이방원이 얼마나 대단한 인물인지는 단박에 알아차릴 수 있겠지?

그중에서도 제일 중요한 건 아버지 이성계가 조선의 초대 왕이 될 때까지 겪어야 했던 모든 위기를 함께 극복했다는 점이지. 정도전의 머릿속에서 나온 설계도로 조선 건국이 착착 진행되었다고는 하지만, 온건파의 공격에 쩔쩔맬 때나 정몽주 같은 최대의 걸림돌과 맞설 때마다 이를 신속하게 해결한 건 결과적으로 이방원이야.

누가 봐도 조선 건국의 어벤저스 중 한 사람이 될 자격이 충분하다고나 할까? 게다가 본인도 이런 사실을 너무너무 잘 알고 있었어. 그래서 내심 기대하는 게 있었지.

'후후, 설마 나를 모른 척하지는 않겠지. 내가 없었으면 조선 건국이라는 대업을 절대로 이루지 못했을 테니까.'

이렇게 대단한 이방원인데……, 대체 뭐가 그렇게 불만이었을까? 이방원의 심경을 본인 목소리로 한번 들어 볼까?

알파봇, 이방원을 초대해서 화면에 띄워 봐!

위화도와 벽란도, 선죽교 사건의 일등 공신

누가 감히 나를 불렀지? 반짝반짝 역사 연구소의 멍 박사라고? 왜, 반말해서 기분 나빠? 나는 원래 그런 사람이야. 게다가 지금 내 속이 말이 아니거든. 왜냐고?

지금까지 흘러온 이야기를 봐. 조선을 세우는 데 아버지와 정도전이 모든 걸 다 한 것처럼 보이잖아. 조선이 세워지고 난 후 나, 이방원의 존재를 알아챈 사람 있어? 있냐고! 잘 모르는 사람들은 내가 중요한 순간에 가만히 숨죽이고 있다가 왕자 자리를 꿰차고 떵떵대며 잘 산다고 생각할걸?

하지만 천만의 말씀! 내가 행동으로 옮긴 세 번의 선택이 없었다면, 아직 고려에서 한 발짝도 더 나아가지 못했을 거야.

첫 번째는 아버지가 위화도에서 회군하려고 했을 때야. 나는 아버지가 위화도에서 돌아오려 한다는 소식을 접하자마자, 친어머니와 새어머니, 이복형제들을 한자리에 불러 모아 곧장 대피시켰어. 우왕과 최영이 우리 가족을 볼모로 삼아 죽이겠다고 협박할 게 불 보듯 뻔했으니까.

만약 내가 손 놓고 있었으면 우리 가족은 최영에게 붙잡혀 인질이 되었을 테고, 그럼 마음 약한 아버지는 모든 걸 포기했을지도 모른다고. 내 덕분에 아버지는 회군을 한 뒤에도 안심하고 최영과 거침없이 맞설 수 있었지.

두 번째는 벽란도에서 다친 아버지를 모시고 개경으로 돌아온 일이야. 정몽주의 마지막 반격, 기억나지? 아버지가 말에서 떨어져 다쳤을 때, 정몽주는 이성계라는 방패를 빼앗긴 혁명파를 모두 죽이려고 했어. 군대를 움직일 여력이 없을 때야말로 혁명파를 싹 쓸어 버릴 최적기니까.

그때 아버지를 설득해서 개경까지 모셔 온 사람이 누구야? 바로 나,

이방원이지. 아버지는 괜찮을 거라며 움직이지 않으려고 했어. '설마?' 하며 정몽주를 믿으셨던 거야. 하지만 난 위기 상황이라는 사실을 누구보다 빨리 알아챘어. 내가 아버지를 개경으로 억지로 모시지 않았다면, 정도전과 조준 모두 정몽주 손에 죽었을지도 몰라. 그럼 조선도 없었겠지.

마지막 세 번째는 결정적인 한 방인 선죽교 사건이야. 아버지나 정도전은 정몽주가 결국 우리 편이 될 거라는 희망을 가지고 있었지만, 나는 절대로 그럴 사람이 아니라고 판단했어. 죽을지도 모르는 상황에서 〈단심가〉로 답한 걸 보면 충분히 알 수 있지 않아? 나중에 협조할 사람 같았으면 마지막 순간에 그렇게 행동하지는 않았겠지.

어쨌든 나는 고려의 마지막 기둥이자 조선 건국의 걸림돌인 정몽주를 제거했어. 내가 이렇게 궂은일을 도맡지 않았다면 조선 건국은 꿈도 꾸지 못했을 거란 말씀! 그런데 아버지와 정도전은 그 일로 나를 어찌나 미워하던지……, 정말 억울하기 짝이 없다니까.

그렇게 결정적인 역할을 했는데, 막상 새 왕조를 열고 난 후 나를 대하는 태도를 좀 봐. 공을 세운 신하들에게 차례로 상을 주는데……. 글쎄, 이방원이라는 이름 석 자는 눈을 씻고 봐도 없었다니까. 나뿐만 아니라 다른 왕자들도 마찬가지였어. 이게 말이 된다고 생각해?

나는 새로운 나라에서 할 일이 매우 많을 거라고 생각했어. 하지만 왕자들은 아무 일도 할 수 없었고, 그저 먹고 노는 게 다였지. 왕자라는 이름이 아깝게시리 말이야. 급기야 어제는 새어머니의 아들들만

빼고 왕자들의 궁궐 출입을 금지하겠다는 어명이 내려왔지 뭐야. 정도전이 뭔가 수작을 부린 게 틀림없어. 정말 기가 막힐 노릇이지.

재상 중심? 개나 줘 버려!

정도전이 왜 그랬냐고? 그런 질문을 하다니, 삼봉의 진짜 모습을 아직 제대로 이해하지 못했나 보군. 뻔하지, 나를 경계하는 거야.

정도전은 나라를 다스리는 방법에 있어서 나와 생각이 완전히 달랐거든. 임금은 상징적인 존재로 그저 가만히 앉아 있기만 하고, 현명한 재상이 중심이 되어 나라를 다스려야 한다나? 이게 바로 정도전이 말

풋! 재상 중심의 나라?
내가 얼마나 조선 건국에
공을 많이 세웠는데.
정도전 자기 혼자 권세를
다 누리겠다고?

무서워.
ㄷㄷㄷ

하는 재상 중심의 나라야. 어이가 없어서, 원.

재상 중심? 개나 줘 버리라고 그래. 임금은 똑똑할 수도 있고 멍청할 수도 있으니, 현명한 재상을 뽑아야 한다고? 세상에나……, 멍청한 임금이 어떻게 현명한 재상을 뽑을 수 있다는 거야? 또 현명한 재상을 뽑을 수 없다면, 멍청한 임금이 다스리는 것과 뭐가 달라?

나는 결사반대! 임금의 권한이 강해야 나라가 잘 굴러가고 백성을 위한 정치를 마음껏 펼칠 수 있어. 힘이 이 사람 저 사람에게 분산되어 있으면 나랏일을 시원시원하게 처리해 나갈 수가 없는 게 당연하잖아. 게다가 임금이 허수아비 노릇만 하고 있으면, 자기 욕심만 차리는 재상이 등장해서 나라를 제멋대로 좌지우지하려 들걸?

부강한 나라는 왕의 강력한 권한을 바탕으로 이루어지는 거야! 그래야 흔들리지 않고 수백 년 동안 굳건하게 나아갈 수 있지. 누구 말이 맞는지 한번 두고 보자고.

흠, 이방원 입장에서는 억울할 만해. 결정적인 위기가 닥칠 때마다 스스로 나서서 해결했는데, 조선 건국에 성공했다고 그간의 공을 무시해 버리면 누구든 화가 나게 마련이지. 그럼 본격적인 갈등의 씨앗이 생겨난 상황을 조금 더 알아볼까?

강력한 재상을 꿈꾸다

　이방원은 속을 부글부글 끓이면서도 일단은 납작 엎드려 있었어. 언젠가 기회가 다가오기를 기다리고 있었다는 게 더 정확하겠네. 그 무렵, 이방원에게 시시각각으로 새로운 소식이 들려왔어. 대부분 속 터지게 만드는 소식이었지만.

　첫 번째 소식은 '세자 책봉'이었어. 세자 책봉이란 자식 중에서 다음 왕위에 오를 세자를 정하는 걸 말해. 그럼 이성계는 누구를 세자로 책봉했을까?

　이성계는 왕위에 오른 지 두 달 만에 가까운 신하들을 모아 놓고 물었어.

"다음 왕을 미리 정해 두어야 하오. 왕자들 가운데 누가 좋겠소?"

신하들은 깜짝 놀랐어. 당연히 왕자 중에서 제일 똑똑하고 조선 건국에 누구보다 큰 공을 세운 다섯째 이방원으로 정할 줄 알았는데……. 새삼스럽게 신하들을 불러 모아 굳이 물어보는 게 뭔가 이상했던 거지.

신하들은 조심스레 대답했어.

"평상시에는 나이가 제일 많은 왕자를 세자로 세워야 하고, 비상시에는 공이 가장 많은 왕자를 세자로 세워야 합니다."

바로 그때, 문밖에서 서럽게 우는 소리가 들렸어. 이성계의 둘째 부인 신덕 왕후의 울음소리였지. 자신의 아들 두 사람 가운데 하나를 세자로 세워 달라는 거야. 신덕 왕후는 이성계가 가장 아끼는 부인이면서, 동시에 든든한 지지자이기도 했어. 그런 부인이 서럽게 울고 있으니 심정이 어땠겠어? 이성계는 곧장 결정을 내렸어.

"세자는……, 첫째 왕자도 아니고 공이 많은 왕자도 아닌, 그냥 일곱째 왕자가 좋겠소."

신하들은 어처구니가 없었지. 하지만 왕후의 입김이 얼마나 센지 잘 아는지라 감히 대놓고 반대를 하진 못했어. 대신에 신하들은 다른 제안을 했어. 이성계와 신덕 왕후의 뜻을 거스르지 않으면서 그나마 더 나은 쪽으로.

"일곱째 왕자님보다 더 똑똑한 여덟째 왕자님으로 정하는 게 어떠실는지요?"

그래서 막내 이방석이 다른 왕자들을 제치고 세자로 책봉되었어. 그때 이방석의 나이는 고작 열한 살. 이방원 입장에선 나라를 세우는 동안 아무것도 한 게 없고, 뛰어난 능력도 없어 보이는 계모의 어린 자식이 세자가 되었다니 기가 막힐 수밖에.

그리고 배다른 형제가 세자로 책봉되었다는 건, 이제 이방원의 친형제들은 철저하게 '새 나라 조선'이라는 드라마에서 조역도 아닌 엑스트라, 아니 자칫하면 얼굴도 못 내밀게 될 처지로 전락할 거라는 뜻이야.

반대로, 정도전은 그렇잖아도 많던 관직에 하나가 더 늘어났어. 이성계가 세자가 된 여덟째 왕자를 가르칠 스승으로 정도전을 떡하니 지목했거든.

정도전이 왕자 중에 막내 이

방석이 세자가 되도록 뒤에서 밀었다는 기록은 남아 있지 않아. 그래도 이성계의 결정에 반대할 이유는 없었을 거라고 추측할 수 있지. 재상이 중심이 되는 나라가 이상적이라고 생각하는데, 임금이 너무 나이가 많거나 성품이 강하면 나랏일을 할 때 휘어잡기가 힘들잖아? 어리면서도 온순한 사람이 임금 자리에 오른다면 재상 중심의 정치를 펼치기가 훨씬 더 편하겠지.

정도전은 자신이 꿈꾸던 세상에 딱 맞는 세자를 가르치고 보호하는 데 갖은 노력을 기울였어. 물론 세자의 스승이 되면서 이방원과는 영영 결별하게 되었지. 그렇잖아도 생각이든 행동이든 사사건건 부딪쳤던 두 사람인데, 이제 세자의 스승과 세자 자리를 빼앗긴 왕자로 마주하게 되었으니…….

명나라 황제, 조선에 딴지 걸다

두 번째 소식은 명나라 때문에 빚어진 사건이야. 명나라와 조선은 비슷한 시기에 건국되었다는 공통점이 있어. 조선이 세워지기 직전, 중국 대륙을 차지하고 있던 원나라를 북쪽으로 몰아내고 새롭게 명나라가 들어섰지.

혹시 명나라를 세운 사람이 누구인 줄 알아? 젊었을 때 도둑질을 일삼은 데다 스님 노릇을 하며 거리를 떠돌던 주원장이란 사람이야. 그런 사람이 어찌어찌하여 거대한 땅을 다스리는 황제가 되었으니, 아무래도 속으로 찔리는 게 좀 많았나 봐.

주원장은 황제가 되고 나서 툭하면 사람을 죽였는데, 그중에서도 황제를 모욕했다는 이유로 처형한 경우가 엄청나게 많았어. 자신의 형편없는 과거를 떠올리게 하는 도적의 '도' 자나 '적' 자, 승려의 '승' 자 같은 글자를 너무 싫어해서 그런 글자가 들어가는 말만 해도 바로 사형을 시켜 버렸다지? 심지어 전혀 다른 뜻인데도 소리가 같으면 자신을 욕한다고 억지를 부리며 펄펄 뛰었다고 해.

그런데 운 나쁘게도 그만 조선이 걸려들었어. 조선에서 명나라 황

명군일까, 암군일까? 명나라 태조 주원장의 두 얼굴

명나라를 세운 건국자이자 초대 황제인 주원장은 북방 유목민인 몽골족을 몰아내고 중원을 통일해 다시 한족 중심의 나라를 세웠다. 또, 과거 제도를 정비해 유학자들을 등용하고, 조선의 《경국대전》에 큰 영향을 준 《대명률》이라는 법전을 편찬했다. 백성들에게 농업을 장려하는 한편, 전국의 토지와 가구 수를 나름 정밀하게 조사하는 등 정치·사회적으로 굵직한 업적들을 상당수 이루어 냈다.

그런데 이런 주원장에게는 한 가지 얼굴이 더 있었다. 바로 잔인할 정도로 신하들을 핍박했다는 것. 주원장은 황제의 자리에 오른 뒤, 처음 난을 일으켰을 때부터 함께한 개국 공신들을 트집 잡아 죄다 귀양 보내거나 처형을 했는데, 그 숫자가 수만 명이 넘었다고 한다. 게다가 자신의 비천했던 생활을 떠올리게 만드는 글자를 사용할 수 없게 만들어, 명나라 초에는 문화적으로도 상당히 위축될 수밖에 없었다. 나중에 보다 못한 아들 주표가 주원장에게 신하들을 그만 의심하라고 건의하자, '너를 위해 권력의 가시를 쳐내고 있는 것'이라고 답을 했다나? 어찌 보면 주원장의 이런 모습은 아들인 세종에게 왕위를 물려주기 전에 친인척 세력을 전부 제거했던 태종 이방원과 꽤 닮아 보이기도 한다.

제와 황후, 황태자에게 보낸 외교 문서인 표전문에 주원장이 싫어하는 글자가 끼어 있었나 봐. 주원장은 자신을 모욕하는 글자가 끼어 있다며 조선에서 보낸 사신을 때려죽인 뒤 따라온 일행은 감옥에 가두라고 명령했어. 그러고는 책임자인 정도전을 데려오라고 했지. 이 사건을 '표전문 사건'이라고 해.

그렇다면 정도전은 과연 명나라에 갔을까? 가긴 왜 가? 가면 죽을 게 뻔한데……. 정도전은 명나라에 가는 대신에 다른 방법을 찾았어.

요동 정벌을 위해 사병을 깨부수다

사실은 명나라 황제가 불같이 화를 낸 데에는 다른 이유가 있었을 거라는 역사학자들의 의견도 있어. 정도전은 이전부터 요동을 정벌하겠단 말을 공공연히 해 왔는데, 이방원과 그를 따르던 하륜 등이 사신단에 자기 사람을 심어 두었다가 몰래 명나라에 이 정보를 흘렸다나? 그래서 명나라에서는 정도전을 콕 집어 보내라고 한 거지. 그게 아니면 문서를 직접 쓴 것도 아닌 정도전을 굳이 괘씸하게 여길 리가 없으니까.

조선과 명나라 사이에는 옛 고구려 땅인 요동 지역이 있었어. (이성계가 위화도에서 군대를 돌리지 않았더라면 고려군이 쳐들어갔을 바로 그곳!) 정도전은 요동이 원래 우리 조상의 영토였으니 명나라로부터 되찾겠다는 명분을 내세웠지. 게다가 군사력을 키워 조선의 힘을 제대로 보여 주면, 명나라가 더 이상 조선에 대고 이러쿵저러쿵하며 트집을 잡지 못할 거라고도 여겼어.

정도전은 말뿐이 아니었어. 요동 정벌을 추진하기 위해 병사들을 모아 직접 훈련을 시키기까지 했거든. 근데 훈련을 시키다 보니 명령의 체계가 서지 않고 엉망이었어. 병사들 중 나라에 속한 관군은 얼마 안 되고 대부분 권력자들이 따로 키우는 사병들이었기 때문이지.

조선 초만 해도 고려 시절 군사 제도를 그대로 사용하고 있었던지라, 왕자들과 공을 세운 권력가들은 사병으로 이루어진 부대를 따로 거느리고 있었어. 근데 사병은 오롯이 주인의 명령만 따르기 때문에 전쟁터에서 함께 힘을 모아 싸우기에는 무리가 있었지.

정도전은 머리를 굴린 끝에, 요동 정벌을 하겠다며 선언하고는 개인에게 속한 사병들을 모두 관군에 편입시키려고 했어. 진짜 요동 정벌을 준비하려다 보니 왕자들의 사병을 빼앗을 수밖에 없었던 건지, 아니면 왕자들의 사병을 빼앗으려고 거짓으로 요동 정벌을 계획했던 건지 살짝 의심이 들긴 해.

새 나라를 세웠으니 이제 왕권을 강화해야 하는데, 그러려면 사병을 없애는 게 제일 중요한 일이긴 했어. 이때 요동 정벌이라는 명목을 내세우면 아무도 반발할 수 없겠지. 이렇게 권력자들이 개인적으로 거느리던 병사를 깡그리 없애는 걸 '사병 혁파'라고 해. 사병 혁파는 표전문 사건 후에도 철저하게 이루어졌어.

참, 정도전은 명나라에 가지 않으려고 갖은 핑계를 다 댔어. 나이가

너무 많다느니, 아프다느니 하면서 시간을 질질 끌었거든. 급기야 표면상으로 모든 관직을 내려놓고 물러나기까지 했지.

그렇게 요란을 떨고 나자, 명나라도 더 이상 정도전에게 요동 정벌을 꾀할 힘이 없다고 여겼는지 득달같이 잡아가려던 태도를 좀 누그러뜨렸어. 그 덕분에 정도전은 계속 조선에서 버틸 수 있었지. 뒤로는 사병 혁파를 착착 진행시켜 거의 완성 단계에 이르렀다고 해. 그러니 이방원은 폭발 직전이 될 수밖에.

이방원이 사병 혁파에 이렇듯 민감하게 구는 건 다 이유가 있어. 조선이 세워진 뒤 모든 권력을 빼앗기고 궁궐 출입마저 금지당해 얼이 빠져 있는 왕자들에게 사병은 마지막 보루나 마찬가지였거든.

사병이라도 있으니 왕자들에게 함부로 하지 못하는 거였는데, 이마 저도 빼앗길 위기에 처하게 된 거지. 관직도 없는데 군사력까지 빼앗기면⋯⋯, 이름만 왕자일 뿐 아무 힘도 없으니 누가 대접이나 제대로 해 주겠어?

이방원과 왕자들은 더 이상 물러설 곳이 없었어. 정도전 입장에서는 전쟁 준비도 하고 왕자들 힘도 빼앗았으니 '꿩 먹고 알 먹은' 셈이었지. 이방원은 이를 박박 갈며 이렇게 당하고만 있을 수는 없다고 생각했어.

올 것이 왔다, 왕자의 난

'왕자의 난'이라고 들어 봤니? 난은 곧 반란을 말하는데, 세상을 다 가진 왕자가 난을 일으킬 일이 뭐가 있을까 싶지? 그런데 실제로 왕자가 이대로는 못 살겠다고 외치면서 반란을 일으켰어. 그 왕자가 바로 이방원이야.

이방원은 아무것도 할 수 없는 상황이 못내 힘들었어. 누구나 인정하는 공을 세웠는데 관직 하나 없지, 모두가 당연하게 여기던 세자 자리에서 한 방에 탈락했지, 데리고 있던 병사들마저 죄다 빼앗길 위기에 처했지, 그야말로 억울한 일투성이였거든.

정도전은 이방원의 사병들이 갖고 있던 무기를 모두 압수한 걸로도 모자라, 군사 훈련에 제대로 참여하지 않았다는 이유로 이방원에게 벌을 내렸어. 몽둥이로 마구 때리는 벌이었지. 그런데 왕자인 이방원을 차마 때릴 수는 없어서 그의 부하를 대신 흠씬 두들겨 팼다나. 이렇게 당하고 나자, 이방원은 자존심까지 상해서 더는 참을 수가 없을 지경이 되었다나 봐.

1398년 8월 어느 날, 이방원은 아끼던 자신의 부하가 정도전에게 두들겨 맞은 일을 떠올리며 이를 바득바득 갈고 있었어. 그런데 이성계가 갑자기 몸이 아프다며 왕자들더러 궁궐로 들어오라고 하지 뭐야? 맨몸으로 궁궐에 어기적어기적 들어간 이방원은 어째 쎄~ 하니 이상한 기분이 들었지.

'이렇게 왕자들을 무방비 상태로 만들어 놓고 한꺼번에 죽이면 새 세상은 몽땅 정도전 손아귀에 들어가겠구나.'

이방원은 찝찝한 기분을 떨치지 못한 나머지, 배가 아프다는 핑계를 대고는 궁궐에서 슬쩍 빠져나왔어. 그러고 나서 집에 도착했는데 부인이 아주 비장한 얼굴로 맞이해 주더라는 거야. 이방원의 부인도 위기 의식을 느끼고 잔뜩 긴장하고 있었던 게 아닌가 싶어.

잠시 후 부인의 남동생, 그러니까 처남들이 급히 달려와 이런 소식을 전했어.

"정도전이 지금 남은의 첩이 사는 집에서 술을 마시고 있습니다. 절호의 기회입니다!"

부인은 반전의 기회를 잡기로 마음먹고 숨겨 둔 무기를 모두 꺼내 이방원에게 보여 주었어. 그리고 남아 있는 사병들에게 직접 무기를 쥐여 주며 힘을 실었지. 한번 결정을 내리면 망설이는 법이 없는 이방원! 이런 기회를 절대로 놓칠 리가 없지.

"오늘 밤, 정도전을 친다!"

아무도 오가지 않는 깊고 깊은 밤, 이방원은 자신의 사병과 노비들에게 무기를 나누어 준 뒤, 정도전이 술을 마시는 곳으로 달려갔어. 이방원을 따르는 하륜과 이숙번 등도 미리 계획해 둔 대로 그들이 통솔하던 군사를 이끌고 뒤이어 합류했지.

저벅저벅! 모두가 잠든 고요한 밤에 군사들의 발소리가 도성 안에 울려 퍼졌어. 군사를 동원해 권력을 잡는 걸 '쿠데타'라고 하는데, 바로 이방원이 지금 쿠데타를 일으키러 가는 중이었지.

정도전의 마지막 술 한 잔

술을 마시던 정도전은 밖에서 들려오는 심상치 않은 소리에 얼른 자리를 박차고 일어났어. 그러고는 재빨리 옆집으로 몸을 피했지. 하지만 이내 수색에 나선 병사들에게 붙잡혀서 이방원 앞으로 맥없이 끌려왔어. 정도전은 이방원에게 처형당하기 직전, 시를 한 편 남겼는데 한마디로 요약하면 이래.

"삼십 년이 넘도록 온갖 위기를 넘기며 공을 들였는데, 술 한 잔 마시다가 모두 날려 버렸구나."

얼마나 허무했으면 그런 시를 다 남겼을까?

그런데 참 이상해. 정도전은 왜 그런 불안한 시국에 아무 대비도 없이 술을 마셨을까? 누구나 존경해 마지않던 정몽주마저 망설임 없이 해치워 버린 사람이 이방원이잖아. 그런 이방원을 조금도 경계하지 않다니…… 쯧쯧! 이방원이 거느리던 병사와 무기를 전부 빼앗았다고 믿으며 어느 순간 안심을 했던 걸까?

아무튼 정도전의 최후는 최영이 요동 정벌에 직접 나서지 않았던 거나, 정몽주가 홀로 이성계의 집을 방문했던 것과 마찬가지로, 도저히 이해하기 힘든 미스터리 중 하나야. 한순간의 방심으로 역사가 바뀌었으니까.

아무튼 쿠데타는 속전속결로 이루어졌고 뒤처리도 아주 깔끔하고 신속했어. 조정의 관리들이 이상할 정도로 이방원에게 협조적이었거든. 아마도 그동안 보여 준 그의 카리스마에 지레 겁을 먹은 게 아닌가 싶어.

아, 이제 마지막 처리가 남았네. 이방원은 세자 자리에 있던 막내 동생 이방석을 끌어내려 귀양을 보냈어. 물론 귀양을 가는 길에 쥐도

여기서 잠깐!

죽어서도 끝이 아니다? 신덕 왕후와 이방원의 악연

1차 왕자의 난은 이방원이 세자 책봉에 불만을 품고 일으킨 사건이었다. 1차 왕자의 난으로 배다른 형제인 방번과 방석이 귀양을 갔다가 목숨을 잃고, 죽은 두 왕자의 어머니이자 조선 최초의 왕비(이성계의 첫 번째 부인이자 이방원의 친어머니인 신의 왕후는 조선 건국 전에 병을 얻어 죽었다.)인 신덕 왕후마저 화병으로 세상을 떠났다. 그런데 이방원은 경쟁자들이 다 죽고, 마침내 자신이 왕이 된 뒤에도 분이 다 풀리지 않았던 모양이다. 아버지 이성계가 죽은 다음 해, 태종은 사대문 안에 있던 신덕 왕후의 묘를 왕비가 아니라 후궁의 묘로 강등시켜 사대문 밖 정릉(지금의 서울시 성북구)으로 이장해 버렸다. 게다가 훗날 홍수가 나서 청계천의 광통교가 무너졌을 때 이를 보수하기 위해 정릉에 있던 석조물 일부를 빼내 와 고치게까지 했다고 한다. 1차 왕자의 난이 일어나자 신덕 왕후가 '내 배로 방원을 낳지 않은 게 천추의 한'이라고 했던 게 어쩌면 이를 내다보고 했던 말이 아니었을까? 그 후 이백여 년이 지난 1669년이 되어서야 송시열의 상소로 신덕 왕후는 비로소 왕비로 복위했다. 태종 입장에서는 치열하게 대립했던 정몽주나 정도전, 또 왕위를 놓고 경쟁했던 친형 이방간보다, 아버지 이성계를 자기편으로 끌어들였던 신덕 왕후가 더 미웠던 게 아닐까 싶다.

새도 모르게 죽여 버렸지. 방석의 형 방번도 똑같은 운명이었다고 해. 배다른 동생 둘 다에게 비참한 최후를 안긴 셈이지.

이방원의 1차 목표는 정도전과 남은 등 재상 중심의 나라를 꿈꾸던 반대 세력을 타도하는 것이었지만, 결과적으로는 왕자가 왕자를 죽였으니 말 그대로 '왕자의 난'인 거지.

왕자의 난이 끝난 후

아끼던 두 아들과 자신의 오른팔 정도전이 죽었다는 소식을 들은 이성계는 자기 손으로 이방원을 죽이겠다며 난리를 쳤어. 그러다 주위에서 만류하자 모든 걸 포기하고 왕위를 내려놓은 뒤 어디론가 떠날 채비를 했지.

이때 이방원은 냉큼 왕위를 물려받지 않았어. 큰아들이 아니라 막내아들이 세자로 책봉된 게 부당하다고 난을 일으켰는데, 다섯째 아들인 자신이 날름 왕위에 오르면 모양새가 이상하잖아?

"내가 정도전을 죽인 건 왕이 되고 싶어서가 아니다. 조선을 마음대로 휘두르려는 그와 그 무리를 처단한 것일 뿐."

그렇게 핑계를 대며 둘째 형인 방과를 왕위에 앉혔어. 첫째 형은 이미 죽고 없었으니, 당연히 그다음인 둘째 형이 왕이 되어야 한다고 떠들어 대면서 말이야.

이 사람이 조선 제2대 임금인 정종이야. 정종에게는 마침 본부인에게서 낳은 자식이 없었어. 신하들은 정종에게 동생 이방원을 세자로 삼으라고 권했지. 동생이니까 정확히는 세제라고 불러야겠네. 이방원의 기에 잔뜩 눌려 있던 정종은 바로 세제로 책봉했어. 어쨌든 왕이 되려는 이방원의 계획은 그렇게 착착 진행된 셈이야.

한 가지 어려움이 있었다면 '2차 왕자의 난'이 일어났다는 것! 1차 왕자의 난이 일어난 지 이 년 뒤, 이번에는 이방원의 형 이방간이 동생에게 불만을 품고 난을 일으켰거든. 1차 왕자의 난 때 이방원을 도와 거사를 치렀는데, 그 뒤로 자신을 하찮게 대접한다는 게 이유였어. '다섯째 아들인 이방원이 세제가 된다면, 왜 넷째 아들인 자신은 세제가 될 수 없느냐'고 생각했겠지.

그렇지만 이방원이 누구야? 이미 권력을 대부분 장악하고 있던 터라 형이 일으킨 반란 쯤은 아주 손쉽게 제압했어. 그래도 친형이라 죽이지는 않고 귀양만 보냈다지.

이 년 동안 꼭두각시 노릇을 하던 정종은 때가 되자 동생 이방원에게 기꺼이 왕위를 양보했어. 애초에 자신은 임금 자리에 욕심이 없었으며, 그저 편안한 여생을 즐기고 싶다고 최대한 어필하면서 말이야.

마침내 왕위에 오르다

　일단 마음을 먹으면 꼭 해내고야 마는 이방원. 마침내 왕위에 올라 조선의 세 번째 왕, 태종 임금이 되었어.

　태종은 비록 형제들을 죽이고 그 자리에 올랐지만, 누구보다 아버지가 자신을 임금으로 인정해 주길 바랐어. 그래야 떳떳하게 왕 노릇을 할 수 있을 테니까.

　이성계도 그 사실을 잘 알고 있었어. 그래서 일부러 이방원이 미워 죽겠다는 표시를 있는 대로 다 내고 다녔지. 심지어 형제들을 죽인 다섯째 아들을 용서하지 않겠다는 뜻으로 궁궐에 머물지 않고 사방을 떠돌아다니기까지 한 거야. 자신의 고향인 함경도 함흥 쪽에 주로 머물렀지.

그런데 이방원이 누구야? 안 되는 것도 되게 하는 능력자잖아. 태종은 아버지를 모셔 오려고 자신이 직접 찾아가거나 수시로 차사를 보냈어.

'차사'가 뭐냐고? 중요한 임무를 위해서 파견된 사람의 벼슬이야. 다들 '왜 이리 함흥차사야?' 같은 말이 오갈 때 차사란 단어를 들어 봤을 거야. 이때 함흥차사란, 이성계를 모시기 위해 보낸 태종 이방원의 특사를 가리켜. 함흥으로 간 차사는 가기만 하면 돌아오지 않았대. 가는 족족 이성계가 아들 이방원에 대한 분노의 표시로 차사를 죽이거나 잡아가두었거든.

이후 함흥으로 보낸 차사는 한번 가면 돌아오지 않는 존재의 상징이 되었고, 오늘날에도 누군가 돌아오기를 기다릴 때 '왜 함흥차사가 되었지?'라는 말을 하게 되었어. 근데 이성계는 진짜로 차사를 죽였을까? 좀 더 자세히 알아보자고.

돌아오지 않는 함흥차사

태종은 아버지에게 보낸 차사들이 가는 족족 돌아오지 못하는데도 결코 포기하지 않았어. 이번엔 누굴 보낼까 고심하고 있는데, 임금의 마음을 읽은 박순이란 사람이 스스로 나섰어. 박순에게는 묘안이 하나 있었거든. 이성계의 마음을 어떻게 돌릴지 곰곰이 고민하다가 '아버지의 정'을 공략해 보기로 한 거야.

우선 어미 말과 망아지를 이성계가 사는 함흥으로 데려갔어. 그러곤 망아지를 이성계가 보이는 곳에 매어 둔 뒤 어미 말은 일부러 멀찍이 떼어 놓았지.

망아지가 어미 말과 떨어지면 어떻게 되겠어? 자꾸자꾸 울겠지? 어미 말은 끊임없이 뒤를 돌아볼 테고. 망아지가 하도 우니까 박순과 담소를 나누던 이성계가 왜 그러는 거냐고 물었어. 그러자 박순이 기다렸다는 듯 이렇게 대답했대.

"길 가는 데 방해가 되어 새끼 말을 떼어 놓았더니, 어미 말이 그리워 저리 처절하게 우는 것입니다."

말도 부모와 자식 간의 사이가 이렇게 돈독한데, 왜 아버지가 되어서 아들을 용서하지 못하느냐는 뜻을 담고 있었지. 이성계는 속으로 뜨끔했던가 봐. 다른 차사와 달리, 박순을 가두거나 죽이지 않았으니까. 그렇다고 박순과 함께 한양으로 돌아가겠다고 한 건 아니야. 여전히 버텼지. 결국 박순은 임무를 포기하고 한양으로 돌아가기로 했어.

그런데 막상 박순이 떠나자, 이성계의 신하들이 몰려와 늘 하던 대로 차사를 죽여야 한다고 주장하지 뭐야. 지금까지 아버지가 무지무지 화가 났다는 표시로 태종이 보낸 차사들을 모두 죽였는데, 박순이 살아서 돌아가면 아버지의 화가 풀렸다고 생각할 수 있다는 거야. 이성계는 마지못해 이렇게 대답했어.

"차사가 강을 건넜으면 놔주고 안 건넜으면 죽이도록 하라."

불행하게도 박순은 길을 가던 도중에 몸이 아파서 시간을 많이 지체했대. 그래서 며칠이 지나서야 강을 건너게 되었지. 그때 군사들이 들이닥친 거야. 박순은 강 한가운데서 붙잡혀 죽고 말았어.

이 소식을 듣고 이성계는 깊은 슬픔에 잠겼어. 여러모로 미안했겠지. 그래서 이방원이 원하는 대로 한양으로 돌아가기로 했대.

함흥차사의 숨겨진 진실

이성계는 진짜로 함흥차사를 모두 죽였을까? 사실은 그렇지 않아. 그런데 왜 그런 말이 생긴 걸까?

태종이 왕위에 오르자 함흥 지방에서 조사의란 사람이 반란을 일으켰어. 태종은 함흥에서 들고일어난 조사의가 이성계의 지지를 받으면 큰일이라고 생각했지. 그래서 조사의의 뒤를 캐는 김에, 아버지가 반란군 쪽으로 붙지 못하게 막으려고 차사를 보냈던 거야.

그런데 차사는 이성계를 만나지도 못했어. 함흥으로 보낸 차사가 가는 족족 죽임을 당했는데 박순이 기지를 발휘해 이성계의 마음을 돌렸다는 건 그저 사람들이 적당히 살을 붙여 지어낸 이야기야. 사실 차사는 이성계가 아니라 반란군의 손에 죽었고, 그것도 고작 두 명에 불과했거든. 박순은 그중 한 명이었던 거지.

반란군 뒤에 실제로 이성계가 있었는지 아니었는지는 아무도 몰라. 결국 조사의는 태종이 파견한 군대에 진압되었고, 이성계는 아들의 소원대로 한양으로 돌아왔어.

사정이 이런데도 사람들은 이성계가 형제를 죽인 이방원을 용서하지 못해서 차사를 죽였다고 소문을 퍼트렸지. 왜냐고? 재밌잖아! 현재 왕 자리에 올라 있는 아들을 용서하지 못해서, 그 심부름꾼인 차사를 오는 족족 죽이는 예전 왕인 아버지라니…….

이렇게 함흥 지방에서 반란군에게 잡혀 죽은 차사 이야기가 이성계에게 죽임을 당한 수십 명의 차사 이야기로 각색된 거야.

조선의 기틀을 다지다

수많은 경쟁자들을 물리치고 결국 이방원이 왕위에 올랐어. 그럼 이방원이 만든 조선은 정도전이 설계하던 나라와 다를까? 정도전과 사사건건 맞서 왔으니, 왠지 그가 추진하거나 계획하던 프로젝트는 모조리 중단시켰을 것 같지?

결론부터 말하자면, 두 사람이 머릿속에 그리던 조선의 모습은 크게 다르지 않았어. 둘 다 백성이 근본이 되는 나라를 만들려고 했으니까. 다만 나라를 운영하는 데 있어서 왕이 중심이 되느냐, 신하가 중심이 되느냐의 차이가 있었을 뿐이야.

그럼 이방원이 만든 조선은 어떤 나라였을까? 자, 알파봇! 이번에는 하륜 선생을 좀 초대해 봐. 하륜이 누구냐고? 이성계에게 정도전이 있었다면, 이방원에게는 하륜이 있었어. 이방원의 꾀주머니였다고나 할까? 왕이 된 이방원이 어땠는지 자세하게 이야기해 줄 수 있는 인물이지.

태종은 이런 왕이었다

태종 임금님에 대해 듣고 싶다고? 그거라면 나, 하륜이 전문이지. 내가 모신 태종은 카리스마가 엄청나고 마음먹은 건 반드시 실천하고 마는 사람이었어. 정도전이 이상적인 나라를 만들기 위해 애썼다면, 태종은 현재 상황에서 가장 최선의 방향으로 나라를 이끌어 가고자 노력했지.

당시 가장 급한 문제는 나라의 기반을 만드는 일이었어. 갓 세워진 나라는 민심이 불안하기 마련이라, 자칫하면 다시 예전으로 훅 돌아가 버릴 수가 있거든. 그런 불상사를 막으려면 나라가 계속 잘 굴러갈 수 있도록 굳건한 틀을 갖추어야만 하지.

그래서 태종은 창덕궁을 지었어. 이미 경복궁이 있었지만 왕의 권위를 세우기에는 너무 좁은 데다, 왕자의 난을 일으켰던 곳이라서 영 마음이 찜찜했거든. 태종은 박자청을 시켜 새로 궁궐을 짓게 했지. 이곳에서 태종은 조선의 기틀을 하나씩 완성하기 시작했어.

• 육조 직계제

이·호·예·병·형·공의 육조가 하는 일을 그동안 의정부에서 결정했으나, 이젠 육조가 왕에게 직접 보고한다. 즉, 국가의 중대사는 모두 왕이 직접 결정한다.

• 사병 혁파

왕족들과 공신들이 사사로이 데리고 있는 군사인 사병을 모두 해체한다. 이에 반항하면 유배를 보내거나 사형에 처한다.

• 팔도 정비

전국을 여덟 개의 도로 나누고 각 도에 관찰사를 파견한다. 도 아래에 부·목·군·현을 두어 수령을 파견한다.

• 호패제 시행

16세 이상의 남자들은 모두 신분을 나타내는 패를 가지고 다녀야 한다. 호패로 사방을 떠도는 자나 세금, 군역 등 국가의 의무를 피하는 자를 찾아낸다.

• 청계천 정비

비가 많이 오면 홍수가 나서 백성들이 고생하므로 청계천을 정비한다. 정비 사업에 참여하는 백성들을 위해 먹을 것과 옷, 약 등을 따로 제공한다.

- 신문고 설치

억울한 일을 당한 백성이 지방 수령이나 관청에 호소를 했으나 해결되지 않을 경우가 있다. 이때 궁궐 문밖에 걸린 신문고를 울리면 왕이 직접 하소연을 듣고 잘못된 일을 바로잡는다.

왕의 권한과 파워는 키우고

태종이 가장 서두른 일은 모든 힘이 왕으로부터 나오게 만드는 것이었어. 우선 육조 직계제를 실시해서 재상의 힘을 약하게 만들었지.

육조에서 행하는 나라의 중대사를 왕이 직접 보고받고 결정하는 게 바로 육조 직계제야. 이전에는 재상들이 모인 의정부에서 하던 일이

여기서 잠깐!

조선의 주민등록증, 호패(號牌)

태종은 백성들이 떠돌아다니는 것을 막고, 군역을 피하지 못하도록 신분증을 만들기로 했다. 그것이 바로 호패였다. 호패는 16세 이상의 남자들은 모두 가지고 다녀야만 했다. 돈 많은 양반들은 상아나 물소의 뿔 같은 값비싼 재료로 만들어 장신구처럼 지니고 다녔고, 평민들은 나무 조각으로 만들어 소지했다. 크기가 대략 가로 4센티미터, 세로 12센티미터 정도인 호패에는 어떤 내용이 적혀 있었을까? 앞면에는 나이와 이름, 품계 등을 새기고, 뒷면에는 호패의 내용이 틀림없다고 보증하는 관청의 인장과 발행 날짜 등을 새겼다. 오늘날 주민등록증처럼 호패의 소유자가 누구인지 알리는 정보를 담고 있었던 셈이다. 하지만 백성들이 기피하는 바람에 호패법은 원활하게 시행되지 못했다. 그래서 태종 때 만들어져 숙종 때까지, 다섯 번이나 시행되다가 폐지하다가를 반복했다.

었지. 근데 왕과 육조가 직접 소통하니까 어떻게 되겠어? 왕이 모든 것을 좌지우지할 수 있게 되어서 권한이 훨씬 더 커졌지.

쳇! 얼마나 잘하나 보자.

그리고 정도전이 완벽하게 이루지 못하고 죽은 사병 혁파도 마무리지었어. 이전의 사병 혁파는 공신이나 왕족들이 강하게 반발하는 바람에 철저하게 실행하지 못했거든. 하지만 마음먹으면 하고야 마는 태종은 자신을 도와준 공신들의 사병마저 빼앗고, 반항하는 사람들은 모두 귀양을 보내 버렸지. 차근차근 치밀하게 계획을 세워서 말이야.

그 후 조선에서는 어느 누구도 개인적으로 병사를 부리는 일이 없었고, 군대는 오로지 왕의 명령에 의해서만 움직이게 되었다고 해.

그뿐만이 아니야. 16세 이상 남자들은 모두 신분증인 호패를 가지고 다니도록 해서 세금이나 군역을 피할 수 없게 만들었고, 지방을 여덟 개의 도로 나누어 지방관을 파견해 직접 다스렸어.

태종은 이렇게 지방 구석구석, 백성 한 명 한 명에게까지 왕의 힘이 미칠 수 있도록 나라의 체제를 차근차근 정비해 갔지.

백성에게는 한없이 너그러운

태종이란 사람에 대해 다들 무시무시하다고 평가하곤 해. 반대파나 자신의 권위에 도전하는 자에게는 가차 없이 철퇴를 내리고 마니깐. 측근인 나조차도 가끔은 섬뜩했다니까? 하지만 백성들에게만큼은 한없이 너그러웠어. 백성들이 편안하게 살 수 있도록 갖가지 애를 썼던 걸 보면, 정도전 못지않게 민본 정치를 펼쳤다고 할 수 있지.

우선 해마다 물난리를 겪는 한양 백성들의 고생을 막고자 청계천을 정비했어. 심지어 백성들에게 먹을 것과 약을 나눠 주며 공사를 진행했지. 조선 시대 내내 백성들이 의무로 져야 하는 군역이나 부역을 할 때면, 백성들이 먹을 걸 스스로 싸들고 와야 했어. 입을 것도 마찬가지. 그런데 태종 이방원은 부역을 시키면서 농사일과 겹치지 않도록 세심하게 신경 쓰고 먹을 것 정도는 해결해 주고자 노력했어. 별거 아닌 것 같지만 백성들을 아꼈다는 증거 중 하나지.

또, 억울하게 노비가 된 사람을 구제해 주기 위해 해당 기관을 세워

시행했고, 억울한 일이 생긴 백성은 궁궐 안에 설치한 신문고를 울려 왕에게 직접 호소할 수 있도록 했어. 억울한 일이 있어도 호소할 길이 없었던 그 옛날, 왕에게 직접 이야기할 수 있는 통로가 생겼으니 얼마나 다행한 일이야?

이런 것들을 모두 종합해 보면 방법이 달랐을 뿐, 태종도 정도전 못지않게 백성이 근본이 되는 나라를 세우려 노력했다고 볼 수 있지. 내가 태종 임금의 측근이라서가 아니라, 사실이 그렇다니까? 자, 그럼 이 정도로 태종에 대한 이야기를 마쳐야겠군.

아하, 선생님 이야기 잘 들었습니다! 엇, 그러는 와중에 조선의 정치 체제가 대략 완성되었다는데, 어떤 모양새를 갖추었는지 한번 알아보고 갈까?

방방곡곡, 왕의 힘이 미치도록 하라!
··· 새 나라 조선의 정치 체제 ···

자, 드디어 조선이 제법 안정되었다! 뿌듯한 표정으로 왕좌에 앉은 태종 임금이 떨리는 목소리로 첫 지시를 내린다. 어……, 그런데 정몽주도, 정도전도 없는데 누가 임금의 지시를 전달하고 실행하지?

조금도 걱정할 필요 없다. 조선은 관료제가 상당히 발달한 나라였기에, 재상이 없어도 왕의 명령을 팔도 방방곡곡까지 잘 전달할 수 있었다. 조선의 관리는 정치와 사무 등의 행정을 담당하는 문관과 군사 관련 업무를 맡은 무관으로 나뉘었는데, 임금이 신하들을 모아 놓고 조회를 할 때면 문반이 임금의 동쪽, 무반이 임금의 서쪽에 섰다고 해서 각각 동반과 서반으로 구분해 부르기도 했다. 이때 문반과 무반을 합친 말이 바로 '양반'이다.

양반은 품계에 따라 정1품에서 종1품, 정2품, 종2품……, 마지막 종9품까지 총 열여덟 품계로 나뉘어 있는데, 이들 관료들이 관직에 따라 각각 소속된 관청에서 일을 처리했다.

조선의 중앙을 책임지는 의정부와 육조

중앙 정치 조직 중에서도 국정의 최고 통치기관은 의정부였다. 의정부

는 고위 관리들이 모여 중요한 일을 의논하고 결정했던 고려의 도평의사
사를 그대로 따라 만든 기관이었다. 처음엔 이름까지 도평의사사였는데,
제2대 임금인 정종 시절에 의정부로 바꾸었다.

의정부 아래 이조·호조·예조·병조·형조·공조의 육조가 속해 있었다. 그
러니까 의정부에서 재상을 포함한 관리들이 실행해야 할 프로젝트를 결정
하면, 여섯 개의 행정 기관이 업무를 나누어 처리하는 식이었다. 이를테면
관리를 임명하는 인사 업무는 이조, 나라 재정에 관한 일은 호조, 외교나
의례 등을 챙기는 건 예조, 군사에 관련된 일은 병조, 형벌과 재판에 관한
일은 형조, 도량형과 건축 등에 관련된 업무는 공조가 담당했다.

조선 초기에는 의정부에서 중요
한 일을 모두 의결하고 임금에게 보
고만 올리는 '의정부 서사제'와 주
요 사항을 육조가 직접 보고하고 왕
의 결정에 따라 진행하던 '육조 직
계제'가 번갈아 시행되었다.

정도전이 국정을 주도하던 때는
재상으로 대표되는 의정부가 중심
에 서서 업무를 진행했는데, 태종이
왕위에 오르면서 왕 중심의 육조 직
계제로 바꾸어 버렸다. 훗날 태종의
아들 세종대왕이 왕위에 오르자, 다
시 신하 중심의 의정부 서사제로 되

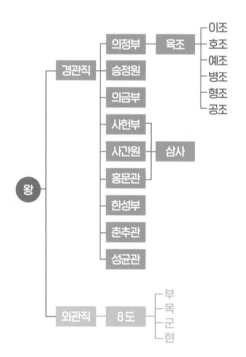

돌렸다.

중앙 정치 조직에는 의정부와 육조 외에도 중요한 기관이 있었다. '삼사'라고 부르는 사헌부와 사간원, 홍문관이 대표적이다. 사헌부는 관리들을 감시하며 비리를 고발하는 기관이고, 사간원은 임금에게 잘못된 점이 있으면 간언하는 기관이다. 홍문관은 문서를 관리하며 왕이 중요한 결정을 내릴 때 자문을 하는 기관으로, 조선 시대의 정승·판서들은 대부분 홍문관을 거쳤다고 할 정도로 핵심 요직이었다.

이외에도 임금의 비서실과 같은 역할을 하는 승정원, 반역죄와 같은 나라의 큰 죄를 다스리는 의금부, 최상위 교육 기관인 성균관, 역사를 기록하고 실록을 편찬하는 춘추관, 전국의 호패를 관리하고 수도인 한양의 치안을 관리하는 한성부 등도 중요한 중앙 정치 기관이었다.

지방을 관리하고 다스리는 외관직

조선 시대에는 지방을 다스리는 지방의 정치 조직도 함께 정비해 모든 행정이 임금에게 집중되는 중앙 집권 체제를 이루었다. 지방 행정 조직은 전국을 경기도, 충청도, 전라도, 경상도, 강원도, 함경도, 평안도, 황해도의 8도로 나누고, 각 도에 관찰사를 파견하는 식으로 이루어졌다. 도읍인 한양의 관청에서 일하는 관리를 '경관직'이라고 하고, 지방으로 파견을 나가서 일하는 관리는 '외관직'이라고 불렀다. 각 도를 담당하는 관찰사와 그 아래서 각 군이나 현의 실무를 담당하는 수령이 대표적인 외관직이었다.

중앙에서 지방으로 파견한 관리인 수령은 자신이 맡은 지역의 행정과 사법, 군사 등 모든 일을 처리했다. 지방의 유지인 향리가 알아서 각 고을의 행정을 담당했던 고려 시대와 자못 다른 점이다. 이렇게 중앙에서 파견된 수령의 권한이 한층 강해지면서, 지방 향리들은 수령을 보좌하는 아전으로 격이 낮아졌다.

태종은 지방관이 파견되지 않던 전국 삼백여 개 군현까지 모두 지방관을 파견해 중앙 체제에 확실히 복속시켰다. 또, 수령이 맡은 업무를 잘 하고 있는지 확인하기 위해 중앙 정부에서 수시로 암행어사를 파견해 지방관을 감시했다. 지방관 역시 시급한 일이 생길 경우를 대비해 중앙 관청과 긴밀한 관계를 유지했다.

이제 태종이 어좌에 앉아 한마디 툭 던지면, 지방까지 그대로 전달되어 지방관의 보고서가 즉각 한양으로 올라오는 시대가 열렸다. 고조선은 물론, 신라 시대와 고려 시대에도 이루어지지 않았던 촘촘한 중앙 집권 체제가 바야흐로 완성되는 순간이라 하겠다.

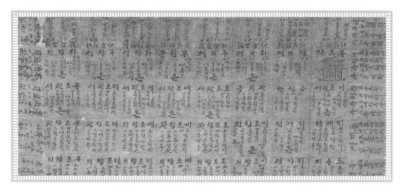

각종 관직을 써 놓고 주사위를 굴려 노는 조선 시대 보드 게임인 〈승경도〉. 오른쪽에서 왼쪽으로 영의정, 좌의정, 우의정이 순서대로 적혀 있는 걸 찾아볼 수 있다. 가장자리에는 외관직(글자 방향이 다르다.)이 늘어서 있다. 높은 관직에 오르려는 꿈은 예나 지금이나 변함이 없는 듯하다. ©국립민속박물관

중앙에 힘을 vs. 지방색을 먼저
··· 중앙 집권과 지방 분권의 차이점 ···

조선은 우리 역사상 최초로 모든 고을에 지방관을 파견해 백성을 다스렸다. 지금으로 따지면 공무를 수행하는 공무원의 행정력이 사람이 몇 명 살지도 않는 두메산골까지 미쳤다는 얘기다.

나라를 다스리는 형태는 '중앙 집권'과 '지방 분권' 체제로 나누어 볼 수 있다. 중앙 집권 체제란 중앙 정치가 지방 행정의 세세한 부분까지 영향을 미치는 것으로, 바로 조선이 여기에 해당한다. 반면에 지방 분권이란 각 지방마다 권한을 부여하여 백성들을 다스리는 체제를 말한다.

중국의 주나라를 제외하면 우리나라와 중국은 대부분 중앙 집권 체제를 유지했고, 서양은 지방 분권 체제인 봉건제를 주로 채택했다. 중앙 집권을 시행하려면 왕권이 강해야 하고, 호구 조사나 세금과 관련된 행정력도 뛰어나야 한다.

그럼 대표적 지방 분권 체제인 봉건제는 어떤 식이었을까? 봉건제는 각 지역의 수장에게 영토를 나누어 주면서, 왕이 필요할 때 군사를 동원해 주는 계약 관계를 맺는 식으로 이루어졌다. 또 중앙 집권 국가가 과거 제도 등으로 관료를 선발해 나랏일을 맡긴 데 비해, 지방 분권은 각 지방을 다스리는 수장이 자체적으로 사람을 뽑아 다스렸다. 그래서 지방 분권 국가에서는 지식인 계층인 성직자나 견문이 넓은 도시의 상인이 관료 역할을 대신하는 경우가 많았다.

그럼 지금 우리나라는 어떤 체제를 채택하고 있을까? 대부분의 현대 민주주의 국가들이 그렇듯, 우리나라 역시 중앙 집권과 지방 분권이 적절하게 균형을 이루고 있다. 중앙 정치 조직이 있고, 지방에는 선거를 통해 선출된 기관장이 지역의 행정을 담당하는 식이다. 모든 행정 업무는 지방 법률에 근거해 해결하지만 중앙 기관의 통제도 받아야 한다. 어디까지나 업무를 효율적으로 진행하기 위한 형태라고 하겠다.

오랜 시간 지방 분권이 유지되었던 지역의 경우, '연방 정부'로 발전하기도 한다. 연방제는 나라 안에 각 주가 있는 형태인데, 중앙 정부보다 외교권이 제한적이라는 점만 제외하면 대부분의 주권을 중앙 정부와 비슷하게 행사할 수 있다. 미국, 스위스, 독일 등 연방제를 채택한 나라에서는 중앙 정부와 지방 정부가 연방 헌법에 따라 법률관계를 이룬다.

혹시 유럽 연합(EU)도 그런 거냐고? 아니다! '연합제'란 연방제와 달리 각각의 나라가 계약을 맺어 서로 힘을 합치는 형태를 가리킨다. 따라서 유럽 연합은 외교권과 국방권 등이 각 나라에 속해 있는 느슨한 협력 체제라고 할 수 있겠다.

1730년대 베니스의 대운하를 묘사한 그림. 한때 유럽을 대표하는 상업 중심지였던 리알토 다리 부근의 전경이다. 유럽 여러 나라에서는 세계 곳곳을 돌아다녀 경험이 풍부하고 회계 업무에 능한 상인들이 관료의 역할을 대신하기도 했다. 이탈리아 화가 카날레토의 작품. ⓒ미국 메트로폴리탄미술관

팬클럽 토론회 : 주인공은 나야, 나!

　자, 이제 결론을 내릴 때가 왔어. 과연 조선 건국의 일등 공신은 누구일까? 이성계, 정도전, 이방원이 무슨 일을 했는지 각각 살펴보긴 했지만, 셋을 나란히 두고 비교해 보지 않아서 그런지 아직 알쏭달쏭하단 말야. 그런 의미에서 셋을 직접 비교해 보면 좋을 텐데…….

　"멍 박사님, 지금 연구실에 손님이 오셨어요! 이성계, 정도전, 이방원의 팬클럽 회장들이라고 하네요."

　"뭐라고? 내가 생각에 빠진 사이 팬클럽 회장들이 찾아왔다고? 너 또 내가 멍하니 앉아 있는 모습을 SNS에 올린 거 아냐? 흠, 그래도 여기까지 애써 찾아왔다니 한번 만나서 이야기를 들어 보자고."

초대 임금 = 건국자, 아닙니까?

킹왕짱 이성계

저는 이성계 팬클럽 '킹왕짱 이성계'의 회장입니다. 조선을 세운 사람이 누구인지를 두고 설왕설래한다는 소식을 듣고 쫓아왔습니다. 사실 전 조선을 누가 세웠는지 묻는 질문 자체가 기분 나쁩니다. 조선의 초대 임금이 누구입니까? 바로 태조 이성계잖아요.

고구려는 초대 임금 주몽이, 고려는 초대 임금 왕건이 세웠다고 하지 않습니까? 그럼 조선도 마찬가지지요. 안 그렇습니까?

도담 삼봉

전 정도전 팬클럽 '도담 삼봉' 회장입니다. 초대 임금이면 무조건 나라를 세운 주인공이라고 해야 한다는 의견이신가요? 그럼 대한민국의 초대 대통령은 이승만이니까, 이승만이 대한민국을 세운 주인공입니까?

아니잖아요. 대한민국은 일제 강점기 때 세운 임시 정부와 수많은 독립운동가들, 그리고 힘든 시기를 이겨 낸 국민들이 세운 나라니까요.

진격의 이방원

두 분 다 워~ 워~. 저는 태종 이방원의 팬클럽인 '진격의 이방원' 회장입니다. 제 생각도 그렇습니다. 초대 임금이

나 대통령이 꼭 그 나라를 세운 진짜 주인공이라고 볼 수는 없지요.

나라가 세워지기까지 가장 열심히 노력하고 결정적인 위기를 극복한 사람, 거기다 다시 망하지 않도록 기반을 튼튼하게 다진 사람이 진정한 주인공이에요. 그런 의미에서 조선 건국의 일등 공신은 태종입니다. 결정적인 역할을 한 사람이니까요.

설계를 한 사람이 일등 공신!

킹왕짱 이성계

말도 안 되는 소리. 태조 이성계는 홍건적과 왜구를 물리치며 전국구 스타가 되어 고려의 모든 백성에게 사랑을 받았습니다. 그 인기가 없었으면 조선 건국은 턱도 없었겠지요. 게다가 위화도 회군을 통해 오롯이 권력을 잡지 않았다면, 새로운 나라를 여는 건 상상할 수도 없었을 겁니다.

도담 삼봉

나라를 세우는 일에는 백성들의 지지와 군사적인 힘이 있어야 하는 것은 맞아요. 하지만 그것만으로 새로운 나라를 세우진 못하지요. 고려는 원나라가 침입하기 전에 최충헌이라는 무신이 왕보다 더 큰 권력을 가지고 있었어요. 왕씨가 왕이었지만 실제로는 최씨가 지배한 거죠. 그래도 고려라는 나라가 바뀐 건 아니었잖아요.

아마도 정도전이 '역성혁명'으로 조선 건국을 설계하지 않았다면, 무신 정권 때와 마찬가지로 고려가 계속 유지되었을 거예요.

킹왕짱 이성계

정도전이 계획을 세우고 전략을 짰다지만 그런 정도전의 생각을 받아 준 것은 누구입니까? 바로 이성계죠. 이성계가 정도전이 뜻을 펼칠 수 있도록 길을 닦아 주고, 뒤를 봐 주면서 모든 걸 맡겼기 때문이에요.

도담 삼봉

아 참, 답답한 소리! 이성계가 정도전을 받아 준 게 아니라, 정도전이 이성계를 선택했다니까요. 정도전이 새로운 나라를 세울 때 내세울 만한 사람으로 이성계를 찾아낸 뒤, 차근차근 계획을 실현해 나간 거라고요.

진격의 이방원

감히 신하 주제에 어떻게 왕을 선택해요? 세상에 머리 좋은 사람은 널리고 널렸어요. 나라를 세울 야망과 힘이 있으면 정도전이 아니라 다른 사람과 힘을 합해 나라를 세울 수도 있는 거예요.

태조는 사람을 써먹을 때 적당히 했어야지, 모든 권력을 정도전에게 몰아 주는 통에 감히 '실제로는 자신이 나라를 세웠네.' '스스로 왕을 선택했네.' 하는 소리가 나오게 만들었다니까요.

도담 삼봉

그렇게 말하면 곤란해요. 정도전이 자신의 이익을 위해 권력을 휘둘렀나요? 다 백성들을 위한 일이었잖아요.

게다가 조선의 기틀을 잡는 프로젝트를 스스로 기획하고 운영까지 한 사람이에요. 한양을 설계하고, 궁궐을 짓고, 각 행정 부서를 조직하고, 운영 방법을 확정한 삼봉의 업적이 없었다면 조선은 오백 년은커녕 오십 년도 지속될 수 없었을 거예요.

이거야말로 조선을 세운 사람이 '알고 보면 정도전이다.' 라고 할 수 있는 점이지요.

나라의 기틀을 다진 사람이 진짜 주인공?

진격의 이방원

웃기는 말씀! 정도전은 기본 설계만 했잖아요. 설계도를 기반으로 기둥을 세우고 흙을 채워서 완성한 사람은 이방원이에요. 나라가 세워지고 나서 얼마나 유지될 수 있는지는 건국 후 오십 년 안에 결정된다고 해요. 그 기간 동안 안정된 기반을 이룩하지 못하면 다시 무너지고 마는 거예요. 다행스럽게도 이방원이 왕이 되어 안정된 기반을 다져 놓을 수 있었지요.

킹왕짱 이성계

하지만 사람까지 자꾸만 다져 놓으니, 원……. 쯧쯧쯧, 왕이 그렇게 잔인해서야 백성들이 어디 마음 편히 살 수나 있겠어요?

도담 삼봉

맞아요. 앞만 보고 달리는 말처럼, 일단 목표를 세우면 수단과 방법을 가리지 않고 해내고야 마는 그 성격이 문제예요. 나라를 세워도 평화적으로 세우고, 기틀을 잡아도 깨끗하게 잡아야 하는데, 그저 죽이고 없애고…….

진격의 이방원

나라를 막 세웠을 때는 누구나 그렇게 해요. 고려의 기틀을 잡은 광종도 그랬어요. 명나라는 어땠는지 아세요? 홍무제나 영락제 같은 명나라 초기 왕들은 나라의 기틀을 잡는다고 반대파를 수만 명씩 죽였어요. 이방원이 왕권을 강화하느라 희생시킨 사람은 새 발의 피라니까요.

킹왕짱 이성계

이성계를 보세요. 최고의 장군이지만 평화롭게 문제를 해결하려고 노력하잖아요. 희생자가 많고 적음의 문제가 아니라, 난폭하다는 게 문제라니까요. 백성들이 잔뜩 겁먹지 않겠습니까? 게다가 중국은 인구가 많으니까 희생자도 많은 거고…….

진격의 이방원

신문고 제도나 청계천 공사 등에서 볼 수 있는 백성을 사랑하는 마음이나, 왕권을 강화해서 나라를 안정시킨 공만 봐도 태종은 누구보다 현명한 임금이라고 할 수 있어요. '난폭한 임금이었으나, 현명한 임금이었다.'라는 말은 바로 그런 데서 나온 거예요. 늘 가뭄이 들까 봐 걱정, 홍수가 날까 봐 걱정……. 백성들이 힘든 걸 그 누구보다 안타까워하면서 문제를 해결하고자 애썼던 임금이 이방원이었어요.

도담 삼봉

그래 봤자 정도전만 하겠어요? 고려 말에 이미 나라 땅을 인구수대로 똑같이 나누자고 한 사람이 정도전이었다는 사실을 잊지 마세요. 나라를 세우자마자 고아나 자식 없는 가난한 노인을 먼저 챙긴 것도 정도전이었고요. 백성을 위한 마음은 정도전이 최고였다니까요?

진격의 이방원

정도전은 그게 문제예요. 사랑만 하면 뭐 해요? 말뿐이 아니라 실제 행동으로 옮겼어야죠. 정도전이 생각한 백성 사랑을 진짜로 실천한 사람이 누구입니까? 바로 세종대왕이

지요. 누구나 쉽게 읽고 쓸 수 있는 한글을 만들고, 편하게 살 수 있도록 과학 발전시키고, 공평하게 세금을 걷도록 새로운 법을 시행했을 뿐 아니라, 약한 사람들을 보호하는 각종 제도를 만들었잖아요.

이런 세종대왕이 누구 아들입니까? 바로 태종 이방원의 아들이에요. 조선 최고, 아니 세계적으로 칭송받는 성군을 배출했다는 점 하나만으로도 조선 건국의 진정한 주인공은 이방원이라고 강력하게 주장하는 바입니다.

아, 여러분! 여기서 멈추도록 하지요. 팬클럽 회장님들이라 그런지, 누구 하나 지려고 하지 않는 고집까지 각 인물을 똑 빼닮으셨네요. 네? 나쁜 뜻은 전혀 아니었어요. 제가 답을 하는 데 아주 많은 도움이 될 것 같아요. 성격들이 워낙 좋으셔서 조금만 더 토론을 했다간 대판 싸울 것만 같아요. 아니, 아니에요. 나쁜 뜻은 전혀 없다니까요? 그럼, 안녕히 가십시오!

힘이냐, 전략이냐, 결단력이냐

주인공 후보 세 사람을 가장 잘 알고, 제일 좋아하는 사람들의 이야기를 들어 보길 잘했어. 이제야 조금 정리가 되는 것 같아.

그러니까 나라를 새로 열고 계속 이어지게 하는 데는 몇 가지 조건이 필요해. 이전 왕조를 무너뜨릴 수 있는 힘, 백성들의 지지, 새로운 나라의 건설을 계획하고 기틀을 마련하는 능력, 건국의 장애물을 제거하는 과감성, 나라의 뿌리를 내리게 하는 실천력이야.

이성계는 고려를 문 닫게 할 수 있는 군사력과 마땅히 그럴 만하다는 백성들의 전폭적인 지지가 있었어. 정도전은 건국 프로젝트를 계획하고 하나씩 성공시킨 전략가였지. 그리고 이방원은 이성계가 말에서 떨어졌을 때, 정몽주가 반격했을 때처럼 결정적인 순간에 과감한 행동을 개시한 행동파야.

사실 셋 중에 하나라도 없었으면 조선이란 나라는 없었을 거야. 이성계의 군사력과 인기가 없었다면, 정도전의 치밀한 전략이 없었다면, 이방원의 결단력과 실천력이 없었다면 어땠을까? 고려라는 나라가 계속되었거나, 조선이 아닌 전혀 다른 나라가 있었을지도 모르겠네.

이제 답장을 써야겠다!

	건국 상징성	군사력	개국 전략	기본 설계	걸림돌 제거	기반 다지기
이성계	★★★	★★★	★	★	★★	
정도전			★★★	★★★	★★	★★
이방원		★	★	★★	★★★	★★★

(각자 생각하는 대로 별 점수를 매겨 보라고!)

내게 한 표를!

여러분~,
기호 2번이에요.

3번이라
기분 나빠……

난세의 히어로, 이성계

조선의 설계자, 정도전

준비된 왕세자, 이방원

☆ 제목 : 알쏭 중학교 달쏭이에게

▲ 보낸사람 : 멍 박사

받는사람 : 달쏭이

달쏭아, 안녕?

조선을 세운 사람이 누구인지 알고 싶다는 편지를 받고 처음엔 무척 놀랐어. 너무 당연한 질문 같았거든. 하지만 당시에 일어났던 사건들을 찬찬히 살펴보니, 이성계 말고도 조선 건국에 결정적인 역할을 한 사람들이 더 있더라고. 그게 누구냐고? 바로 정도전과 이방원이야.

조선이 세워지는 과정에서 위화도 회군은 무척 중요해. 이성계는 위화도 회군에 성공해 권력을 잡았고, 그 힘을 바탕으로 조선을 세울 수 있었으니까. 물론 회군을 성공시키기까지 이성계의 리더십과 카리스마가 큰 역할을 했지.

하지만 과감하게 토지 제도를 개혁한 정도전이 아니었다면 이성계와 신진 사대부는 백성들의 지지를 받지 못했을지도 몰라. 또 정도전이 새 나라 조선의 정치, 군사, 법 등 굵직한 체계를 세우지 않았더라면 백성을 먼저 생각하는 좋은 나라가 될 수 없었겠지.

그런데 나라를 세우는 것 같은 큰 변화가 있을 때에는 반대하는 세력이 생기기 마련이야. 아니나 다를까 온건파들이 강하게 반발했고, 이들의 반격을 막아낸 사람이 이방원이었어. 게다가 왕위에 오른 다음에는 조선이 오백 년 이상 지속될 수 있도록 훌륭한 기틀을 마련했지.

따지고 보면, 세 사람 모두 '백성을 위한 나라'라는 공통의 목표를 향해 나아갔다고 볼 수 있어. 고려 말 부패한 권문세족에게 농사지을 땅마저 빼앗기고 떠도는 백성들의 처지를 보며 분노했고, 새 나라를 세워 이런 부조리를 확 바꾸어 보고자 한 거지. 물론 세부적인 부분(세자 책봉 문제라든지, 왕 중심의 나라냐 신하 중심의 나라냐 등등)에서 각자 생각하는 지점이 달라 충돌은 있었지만, '건국 이념'은 세 사람 모두 정확하게 공유하고 있었다고 할까?

아무튼 우여곡절 끝에 세워진 '조선'이라는 나라는 오백 년이 넘는 긴 시간 동안 유지되면서 우리 역사의 큰 부분을 차지하게 되었고, 전통과 문화 부분에서 지금까지도 우리에게 막대한 영향을 끼치고 있지.

이렇게 보면 셋 중에 누굴 꼭 짚어 조선을 건국한 주인공이라 한들 이상하지 않을 것 같네. 뭐? 그래서 진짜 주인공이 누구냐고? 글쎄, 조선 건국의 상징인 이성계일까, 이성계를 만든 브레인 정도전일까, 아니면 결정적인 위기를 막아낸 이방원일까?

더 헷갈린다고? 괜찮아. 역사는 원래 알쏭달쏭한 거니까. 네가 제일 마음에 드는 인물을 골라서 그 사람이 왜 주인공인지 스스로 논리를 한번 만들어 봐. 그렇다고 팬클럽 회장님들처럼 싸우면 안 돼!

그럼, 안녕!

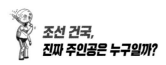

조선 건국,
진짜 주인공은 누구일까?

첫판 1쇄 펴낸날 2020년 8월 5일
3쇄 펴낸날 2024년 5월 7일

지은이 이광희·손주현 **그린이** 박양수
발행인 김혜경 **편집인** 김수진
주니어 본부장 박창희
편집 박진홍 정예림 강민영
디자인 전윤정 김혜은
마케팅 최창호 **홍보** 김인진
경영지원국 안정숙
회계 임옥희 양여진 김주연

펴낸곳 (주)도서출판 푸른숲
출판등록 2003년 12월 17일 제2003-000032호
주소 경기도 파주시 심학산로 10, 우편번호 10881
전화 031) 955-9010 **팩스** 031) 955-9009
인스타그램 @psoopjr **이메일** psoopjr@prunsoop.co.kr
홈페이지 www.prunsoop.co.kr